［英］约翰·阿代尔———

（John Adair）

著

鲍 婕———译

高效团队建设

打造一支常胜团队

浙江人民出版社

First published 2015 by Macmillan an imprint of Pan Macmillan, a division of Macmillan Publishers International Limited

浙 江 省 版 权 局
著作权合同登记章
图字：11-2020-067

图书在版编目（CIP）数据

高效团队建设 ：打造一支常胜团队 /（英）约翰·阿代尔著 ；鲍婕译. — 杭州 ：浙江人民出版社，2024.7

书名原文：EFFECTIVE TEAMBUILDING

ISBN 978-7-213-11393-2

Ⅰ . ①高… Ⅱ . ①约… ②鲍… Ⅲ . ①企业管理-组织管理学-通俗读物 Ⅳ . ①F272.9-49

中国国家版本馆CIP数据核字（2024）第057928号

高效团队建设　打造一支常胜团队

Gaoxiao Tuandui Jianshe: Dazao Yizhi Changsheng Tuandui

[英]约翰·阿代尔　著　鲍　婕　译

出版发行：浙江人民出版社（杭州市环城北路177号　邮编　310006）

　　　　　市场部电话：(0571)85061682　85176516

责任编辑：尚　婧

营销编辑：顾　颖　杨　悦

责任校对：王欢燕

责任印务：幸天骄

封面设计：厉　琳

电脑制版：杭州兴邦电子印务有限公司

印　　刷：杭州富春印务有限公司

开　　本：880毫米×1230毫米　1/32　　印　　张：6.375

字　　数：116千字　　　　　　　　　　插　　页：2

版　　次：2024年7月第1版　　　　　　印　　次：2024年7月第1次印刷

书　　号：ISBN 978-7-213-11393-2

定　　价：58.00元

如发现印装质量问题，影响阅读，请与市场部联系调换。

约翰·阿代尔
John Adair

国际公认的领导学权威

约翰·阿代尔是世界上关于领导力和领导力发展的领军权威之一，被誉为"欧洲的彼得·德鲁克"。

约翰为巴克莱银行、劳埃德TSB银行、英美烟草公司、杜邦公司、英国皇家空军、英国奥林匹克委员会等机构提供管理咨询服务，他是许多企业、政府部门、非政府组织的管理顾问。全球超过100万名经理人参与了他倡导的以行动为主的领导模式（Action-Centred Leadership）项目，他的理念和方法启发和激励了整整一代的管理者。

约翰出版过50多部著作，其中包括畅销书《不是老板而是领导者》（*Not Bosses But Leaders*）、《约翰·阿代尔领导力词典》（*The John Adair Lexicon of Leadership*）、《鼓舞人心的领导》（*The Inspirational Leader*）、《如何培养领导者》（*How to Grow Leaders*）以及EFFECTIVE系列等。

目录

CONTENTS

EFFECTIVE TEAMBUILDING

1

导论

EFFECTIVE TEAMBUILDING

没有合作就没有力量。

——爱尔兰谚语

在生活中，没有什么比在一个真正成功的团队中工作更令人满意的事情了。而作为一名领导者，能够利用自己的才能和技能来创建一个这样的团队是非常有价值的事情。

我写这本书的目的就是帮助你选择、建立、维护和领导团队。

首先，团队是一个群体，在这个群体中，人们有一个共同的目标，每个人的工作和技能都与其他人的工作和技能协调互补。我们将在书中一起探讨，对于团队来说一些必要或可取的特性。

每个优秀的赛车手都知道：要想获得胜利，赛车的制造团队，赛前、赛中和赛后的维护团队与车手同样重要。高效的团队合作在工业、商业和公共服务领域与在职业体育领域同样重要，甚至更加重要。如何在团队中找到合适的人，如何让他们一起工作，如何提高他们的绩效标准——简而言之，这些就是本书的主题。

不管你的主要角色是领导者还是团队成员，或者更有可能的是，你二者兼任，你都应该仔细阅读这本书中的核查表。这些核查表旨在帮助你思考，并帮助你将这些原则、经验教训或法则应用到你自己的工作中。

这本书是一本实用手册。当你带着自己的经验阅读并学习这本书之后，你应该会掌握你所需要的关于团队的大部分知识。然后，你要自己寻找机会将它们付诸实践。

第一部分

了解团队和个体

像任何工匠一样，领导必须首先了解他们的"原材料"。正如木雕师要了解木头的纹理一样，领导也必须了解团队的性质，这样才能做到顺性而为，而不是逆性而为。

为理解群体现象，我将主要借鉴"群体动力学"这个传统学说。这个概念是由出生于德国的心理学家库尔特·勒温（Kurt Lewin）提出的，勒温是20世纪40年代至50年代美国群体动力学运动早期的代表人物。

群体动力学一词有两种不同的用法。在一般和基本的意义上，它可以用来描述在所有群体中随时发生的事情，无论是否有人意识到。这种一般意义上的群体动力学指的是一个小的人类群体内互相作用的力量，这种力量使得群体以某种方式运行。

英国和美国社会心理学家对这些力量的研究，即为什么群体会以一定的方式运行，也被称为群体动力学。这就是群体动力学这个词的第二层含义。它包括此类研究的发现以及研究观察前后的理论重构。群体动力学逐渐发展成为一场运动，这就是为什么我将这个词视为一个专有名词。

面对数目庞大的领导者，群体动力学作为一种培训方式，显得过于耗时。此外，它还包括各种各样的隐藏假设所带来的缺陷，比如，我稍后会谈到与领导力有关的隐藏假设所带来的缺陷。作为一种思想或哲学体系，这场运动反映了20世纪40年代至50年代美国社会的关注点，尤其反映了人文主义心理学家的关注点。因此，它受限于当时的社会文化，而受限的程度超出了运动倡导者的想象。

然而，像很多传统的学说和运动一样，群体动力学为后继的探索者们打下了很好的基础。在撰写本书第一部分的时候，我时常想象自己行走于群体动力学"已坍塌的大厦中"，到处挑选仍然可以使用的一块石头、一段木头、一扇门或一件铁器。或者，我认为自己是在旧的烹饪书中借用老食谱，然后根据我的经验来改良这些老食谱。食谱中的一些材料保留不变，另一些则被改得与之前完全不同。但是我想不出有比这更好的方法来探索如何建设高效团队。我的灵感来自20世纪英国和美国杰出开拓者的努力，他们对于人类群体运行方式的理解为我的探索打下了基础。

- -

01

团 体

"人心齐，泰山移。"

——中国谚语

一队人排队等公交车，一群人在一起饮酒，一群愤怒的工人罢工，八个人在一起划船。以上这些，哪个可以称为团体？

很难说，不是吗？"团体"是一个概念。和很多概念（比如爱或友谊）一样，它不受单一定义的影响。它听起来比那些抽象的词更具体，但也同样难以被明确界定。我们似乎都知道什么是团体，但直到我们被问起，我们才发现很难定义它。

在这种情况下，我通常会求助于字典，试图找到普遍意义背后的含义。"团体"（group）一词在法语中以"grope"出现，意大利语中以"gruppo"出现，这个词似乎起源于17世纪的德国。它的意思是：一簇；一束或一个结或肿块；

4

一堆；一包（钱）。这个概念指的是许多事物或人在一起——仅此而已。

■ "团体"的一些定义

"团体"这个词的价值在于它的模糊性。例如，当生物学家希望避免明确分类时，当有机体之间的关系种类或程度未能被明确厘清时，他们可以用这个词来描述一个相关有机体的集合。同样地，当心理学家不希望或不能对一群人的关系或相似程度做出明确阐述时，他们也可以使用这个词。《组织心理学》（*Organizational Psychology*）这本书的作者、社会心理学家艾德加·H.施恩（Edgar H. Schein）对这个词做出了定义，这个定义也并不能让我们对这个词有完全清晰的了解。

> 一个心理学上的团体是指：（1）成员彼此互动，（2）心理上能意识到彼此，（3）认为他们属于一个团体。

因此，团体的规模受到互动以及互识的可能性的限制。施恩的定义至少指出了团队不仅仅是人群的聚集。比如，根据他的定义，在站台上等火车的人群或者坐在飞机上的乘客就不属于团体。而工作小组、委员会以及派系集团都在团体的定义之内。

上述提到的这些还有很多变体。《领导力、心理学和组织行为》（*Leadership, psychology and Organizational Behavior*）一书的作者伯纳德·M. 巴斯（Bernard M. Bass）给出了另外一个例子，他将团体定义为：

> 一群人，彼此的存在对于个体来说都是有益的（或者彼此的存在可以让他们免于被惩罚）。团体成员未必认为他们属于一个团体，成员不必拥有某共同目标，成员之间也不必有互动、关联角色以及隐性行为规约。尽管这些对很多团体来说都是普遍特征。

你应该注意到了施恩的定义和巴斯的定义之间的分歧：团体成员是否认为他们属于一个团体？互动是必须有的吗？

这样的例子和分歧还有很多。让我们回到之前的论述：团体是一个广义的词；某种程度上，这个词的魅力就在于当上述提到的因素尚未可知或者无法被明确定义时，我们都可以使用这个词。

正如奥地利哲学家卡尔·波普尔（Karl Popper）所指出的那样，一门语言的精确性体现在不强求它的术语的精确性。"沙丘"和"风"这两个词是模糊的，但当它们被用于描述地质时，它们足够精确。此外，如果有必要的话，我们可以随时对它们进行限定。精确的知识需要精确的定义这种说法是错误的。我们在日常操作中使用诸如"能量"和"光"这样的概念，这些概念不能被简化为一个简单的定义。"团体"这个概念也是如此。

■ 工作团体

如果我们对团体进行限定，并将重点放在工作环境中的团体上，比如一个设计工作室、采购部门、夜班值班组或执行委员会，团体这个概念就会更加精准。例如，这样的团体很有可能会共享某种共同的任务。这样的工作团体是由来已久的，它们是人类主要社会经验的一部分。在史前的迷雾中，我们可以想象一群人聚在一起猎杀一头毛茸茸的猛犸象。也许有人负责挖坑然后掩盖上树枝；其他人负责追踪猎物的踪迹，然后将猎物引向陷阱。完成猎杀之后，他们会按照团体成员地位的高低来分配这些肉，并将战利品带给和他们住在一个洞穴中的家人。

现代的各种工作团体，如探险队、商业企业，都可以追溯至原始的狩猎组。这并不是什么稀奇古怪的事情。

当然，另一类主要的团体是家族。了解工作团体和家族团体之间的一些差异是十分有益的，如下表所示：

工作组和家族

工作组	家 族
有共同任务，或者一系列的个体任务，任务通常较明确	起两大作用：陪伴、繁衍子嗣并养育他们。这两大作用都是自然而然并且隐晦的
成员之间的关系是功能性的	父母与孩子之间的关系是本体存在的
团体存在的目的在于完成任务	家族成员也会处理一些任务，比如一起种花，但完成任务不是家族的固有属性，只是成员表达某种含义的手段
领导力往往与能力相匹配。一个年轻人也可能领导一个狩猎队	领导力在传统意义上与性别和年龄相关。通常父亲或母亲充当领导
工作团体通常是临时的	家庭意味着更大程度的永久性

如果我们将"工作"作为界定标准，那么不同的心理学家关于哪些个体集合可以称为团体的分歧就开始逐渐减少。如果某个体集合拥有下列大部分或者全部特征，那么这个集合显然就是一个工作团体。

◎ 可以定义的成员资格：两个或者两个以上可以通过名字或者类型识别的人组成的集合。

◎ 团体意识：成员认为他们属于一个团体，有一种团结的集体意识，有一种相互认同的意识。

◎ 共同的目标感：成员有共同的任务、目标或兴趣。

◎ 互相依赖：成员之间需要互相帮助以达成他们加入团体的目标。

◎ 互动：成员互相交流、互相影响、对彼此有回应。

◎ 以单一方式行动的能力：团体可以作为单一的有机体工作。

这些因素可以由如下模型表示：

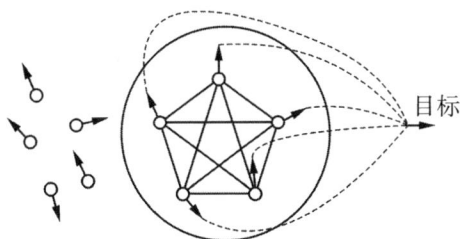

个体与团体

模型左手边的个体没有共同目标。此种情况下，不同个体的目标箭头是离心的状态。他们缺乏一个界限，这表明他们作为一个团体的意识很低，成员的定义也不明确，没有相互作用或者相互依赖的关系。显然，这样的"团体"无法作为一个整体行动。

让我们回到刚刚讲过的工作组和家族之间的差异。我们不能因为两者之间存在差异就忽略两者的重叠。例如，工作组可以为其成员提供相当程度的相互支持和安慰。"陪伴"（companionship）这个词和"公司"（company）[1]这个词有直接的联系。在组织中，我们能感受到陪伴。

在这两类团体中，个体获得或塑造他们的价值观和态度、信念和观点、目标和理想。家庭在这方面更有影响力，因为小孩子更容易受影响。学校是家庭和工作生活之间的桥梁，它的效力排在第二位，我们进入成年生活后加入的工作组排在最后。传统意义上，我们在成人生活中获得的价值观是用沙子写的，但我们在童年接受的价值观是用石头刻的。当然，有些家族同时也是工作团体。我们很多人都见到过杂技演员世家。有的家族企业是从父子、兄弟、姐妹或夫妻合伙开始的。有很多著名的家族工作团体，比如，著名的歌手世家冯·特拉普（Von Trapp）家族，他们的故事在《音乐之声》（*The Sound of Music*）和《杰克逊五人行》（*The Jackson Five*）中都有呈现。

---

1 companionship和company是同源词，都有"陪伴"的意思。——译者注

在这个背景下，"团队"（team）这个词的起源值得我们反思。这个词在当今主要让我们想到足球队、棒球队、曲棍球队或板球队这样的运动队。但在盎格鲁－撒克逊时代，"团队"的意思是"一个家庭"或"后代"。它可以用来指一排捆在一起的牲口，因为人们发现一群牛（或者其他类似动物）如果相互之间有亲缘关系的话，会更好地靠在一起。从最初指"马群"或"牛群"开始，"团队"逐渐可以用来描述一群行动协调一致的人。

长期待在一起的工作小组，比如管弦乐队，往往会呈现出家庭生活的一些特点，不管是好的还是坏的。雇主们仿佛会像倒退回家庭一样，开始把员工当作孩子对待——家长制统治最糟糕的一种形式。军团和商业公司，既是机构又是组织，往往会变得像家庭。同僚在传统上被称为"兄弟军官"。这不仅仅是一个比喻。

当然，在"工作"和"家族"这两种基本类型的团体之间，都会发生学习的转移，这种转移也是双向的。例如，一项研究显示，那些觉得自己的工作无聊的人，不会像一些社会学家所建议的那样，在业余时间用有趣的爱好或活动来弥补工作的无聊。社会学家之所以那样建议是为了捍卫"给人们提供不人道的工作然后为他们提供良好的报酬"这种做法的道德合法性。我认为，由苦力或辛劳组成的工作应该依靠机械化或自动化完成，人们能不做就不做，尽量少做，除非必要。如果需要从事这样的工作，要给人们提供特别优厚的报酬。

■ 组织和群落

一些心理学家区分了基础团体和次级团体。

> 基础团体：少数人，经常有面对面的联系。
>
> 次级团体：相对较多人，没有人清楚地知道其他成员的情况。

在工作生活中，次级团体一个重要的例子就是我们所说的"组织"。我们最好将组织视为工作组的拓展。它们比小团体更大，尽管二者之间的临界点到底在何处尚需探讨。

组织是具有行政和职能结构的协会或机构。它意味着为了明确的目的而进行系统的安排。这种目的要素从远处讲，来源于原始的狩猎群；从近处讲，来源于古代世界的军队。

"机构"通常被看作"组织"的同义词。毕竟，机构是为促进某一目标而设立的组织或社团，这种组织或社团的设立一般是为了公共事业、宗教、慈善、教育或其他。

　　然而，对我来说，机构具有更大的持久性。我们可以在这里发现一个熟悉的生命周期的轮廓：许多小型的工作组发展成为组织，而组织又发展成为机构。不是所有的组织都是机构，但大多数是。

　　根据经验，是否提供养老金可以用来定义某组织是否可以被称为机构。比如，英国国家卫生署和英国警署就属于机构。还可以观察某组织是否在人员常规流入和流出的情况下能够保持其基本特征和持续目标。

　　"组织"一词与"有机体"一词有关，这提醒我们，组织就如同人体。这个比喻的核心是互相依存的概念，即"我们依赖彼此"。

　　从对"领导"这个词最常见的隐喻表达中，我们可以看到这点。比如，我们会说"公司的头儿"（head of the company）来表示公司的领导；"校长"（headmaster/mistress）中也有"头"（head）这个词；"领班"（head waiter）中同样有"头"（head）这个词。诸如此类的例子还有很多。

　　相比而言，"群落"（community）更像是由家族成员人数的拓展所形成的。它是指一个部落或亲属组织，是生活在同一块土地上的统一的群体。而地方群落又属于一个国家或民族更广泛的群落。这些国家或民族既有共同的特点，又有几个世纪以来形成的一些共同的政治、社会和宗教机构。

　　我记得几年前曾听过当时英国最大的国有化工企业之一

的主席把他的企业称为一个群落。那样说对吗？可以的。因为群落可以指具有共同特征或兴趣的人群一起生活在更大的社群中。这个词的缺点在于它更多被用于家庭组而不是工作组。而这样的一个企业最好应该被视为一个有着明确目标的组织，而不是一个有着共同历史、共同特征和共同利益的需要发展或者捍卫的群落。

这似乎只是一个学术观点。但是，英国长期的、破坏性的全国煤炭罢工（1984—1985年）说明这也是一个现实问题。问题的关键在于煤炭行业到底是一个以持续增速为其客户生产煤炭的组织，还是一个由当地采矿社群组成的群落，这个群落需要人们不惜一切代价，甚至罔顾经济可行性将其维持下去。

1985年，一名罢工的矿工在电视上说："我们的矿坑是我们群落的母亲。矿坑没了，我们的群落怎么办？"

任何一个工作群的共同利益，无论它存在多久，都需要让其提供的服务或商品物有所值，从而做到让客户满意。如果无法做到这点，那这个行业（或者行业的某个特定部分）存在的理由也就不复存在了。为了最大限度地增加成功的机会，需要所有相关人员一起高效地工作：一句话，需要团队合作。

核查表：团队成员

想想你所属的主要团体（工作、社交、家庭），你能否发现其他团体成员由于归属于团体，而满足了他们的所需？

你是否因归属于某一团体，而形成了某些观点、信念、价值观或目标？

除家庭外，你所属的第一个小团体是什么？它有什么特点？

你在正式的工作团体（如委员会）或非正式的工作团体（偶然形成的工作团体或者由于个人偏好加入的工作团体）中，贡献大吗？

你能否用三个形容词来描述一下你在大部分团体中的行为？你如何评价自己作为一名团队成员的表现？

团体中的哪些情况会给你带来最大的问题？你如何处理它们？

你想发展哪些方面的团队技能？你希望进一步发挥哪些优势？

记日记

　　以上这些问题的答案有助于你厘清思路，因此，我建议你用一个硬皮笔记本将这些问题的答案写下来。就像写日记一样，随时记下你想到的与团队建设有关的想法和见解、文摘和例子。这本书将为你提供一些素材，但是你应该知道，你读书的时候也要关注到其他更多来源的素材。通过这种方式，你就能够逐渐积累，在未来的几年里编撰自己的参考书。你自己编撰的参考书才是知识、自我理解、灵感和快乐的源泉。

■ 关键点：团体

⊙ 家族团体和工作团体，以及更大的群落和组织，都是人类生活的组成部分。

⊙ 这本书重点讲工作团体。但是你可以把所学应用到你的家庭生活中，或者应用于你可能所属的各种社群、群落或宗教团体中。

⊙ 本书的初衷在于让你对所处团体中发生的事情更加感兴趣、更加了解。也许在你读过这章内容的两天内，你就会有机会参加团体会议。这时，你可以坐下来认真倾听、观察，你会发现并意识到以前未曾发现和意识到的事情。

⊙ 如果你还未曾意识到你作为一名团体成员的个人优点和缺点，可以邀请两三个熟悉你的人给你一些建设性的反馈。

⊙ 在工作团体中，你可以一天比一天更加有效率。在接下来的六个月里，记下你朝着这个方向踏出的每一步，同时要领会这本书的一些关键思想，并且要时不时地回顾这些内容，所有这些将对你有不可估量的帮助。

团队不仅仅是为了完成任务，团队还为你提供了一系列独特的成长机会。

02

工作团队的一些特性

想要一起犁地，山羊和牛必须保持步调一致。

——俄罗斯谚语

　　工作团队和其他类型的团队有某些共性。世界上有如此多的团队，以至于在它们当中寻找相似之处是徒劳的。但是我们仍然可以确定团队的共同特性，尽管程度不同。这些特性受到了研究者的广泛关注。当然，这些特性是互相重叠和互相作用的，所以，我们最好将它们视为一颗钻石的不同切面，而不是单独的一颗颗钻石。

　　在本章中，我将对这一系列特性进行概述。我给出的清单绝非详尽无遗。对于一些特性，如共同任务、角色和领导，我们留到后面的章节详述，但它们不能脱离本章中描述的其他特性。

■ 背　景

团队都有其历史背景，有的团队缺乏历史背景，这些都会影响团队的运行方式。

新团队成员在第一次集会中需要投入大量精力来互相了解并弄清楚需要做什么以及该如何做。另一方面，若组织历史悠久，团队成员会更好地熟悉状况。团队成员应该了解其他成员的职责范围以及团队任务。成员之间共同工作的方式将不断发展。但是，团队成员也可能逐渐养成一些损害效率的习惯，比如，不准时、不认真倾听以及浪费时间。

成员们加入一个团队，是带有预期的。他们可能清楚地知道加入团队要做什么，或者，他们可能不确定加入团队后接下来会发生什么。他们可能期待加入或害怕加入这个群体；他们可能对此深刻关切或漠不关心。在某些情况下，团队行动自由的边界可能是由其职权范围严格划定的；或者有的团队并未明确这个边界，以至于其成员不知道界限或限制在何处。

在追求共同目标的道路上，团队成功和失败的历史是其背景的一个核心要素，与团队士气息息相关。团队成员之间是否互相满意是另一个要素。分享一段共同历史（人、地方和事件），往往会把人们联系在一起。这种经历带给人们一个维度、一个参照点、一个深度、一个记忆的采石场，还常常是他们灵感的来源。

大部分团队，尤其是那些相对历史悠久的团队，在处理特定事件时，会使用一些仪式和典礼。这些仪式和典礼包括庆生、成员离开时的"告别酒会"，以及各种各样的"欢迎仪式"。

因此，团队形成的关键在于其成员一起度过的时间长短。群体人格的形成需要时间。本性不会很快显现出来。关系刚刚建立时，就像一株小植物一样脆弱，但随着关系的形成和稳固，它逐渐变得像橡树一样牢靠。如果你想建立一个团队，你要把成员聚在一起，把他们团结起来，并维持很长一段时间。这点是很重要的。

核查表：团队背景

团队的故事是什么？它是何时形成的，是因何目的形成的？

团队成立的目的是否发生了改变？如果改变了，何时改变的，为何改变？

团队的构成如何？每个成员有什么样的个人经历和历史？他们之间是如何联系在一起的？

团队成员共同经历过哪些重大的成功和失败？

团队成员对团队有何期望？他们对自己在团队中的角色有何期望？

■ 参与模式

在任何一瞬间，在每个团队中，我们都可以观察到特定的参与模式。比如，有的团队也许奉行一种单向参与模式，领导者或者某些成员"一言堂"；或者，有的团队奉行双向参与模式，领导者和团队成员展开对话，成员对领导者的意见有所反馈；又或者，有的团队奉行多向参与模式，成员之间、成员与领导者之间可以多向交流。

在任何一个团队，你会注意到，这些模式中的一种会在特定的时间段内趋于主导地位。而在其他团队中，会有很多有细微差别的其他模式。

我们没有理由认定哪一种参与模式是最好的，这取决于不同情况。但许多研究都达成了一个常识性的结论，即：成员参与度越大，他们就越有可能对团队产生归属感。

当然，我们也不能想当然地认为，成员保持缄默就是对团队事务不感兴趣。这些成员也许是在思考。作为团队领导，你应该思考以下问题：他们是真的感兴趣吗？是什么原因造成他们不开口讲话？是否因为某人，让他们在想说话时，没有机会加入讨论？这个人是你吗？如果情况是这样，你应该有一些"把关"的技巧："马尔科姆，我们已经听了你的意见，但莎莉最近一个小时什么也没说，而且，毫无疑问，她已经想了很久。莎莉，你对明年的市场营销目标有什么见解吗？……不不，马尔科姆，你不能再重复你刚刚讲的最后一点了（笑声）——莎莉，你说说？"

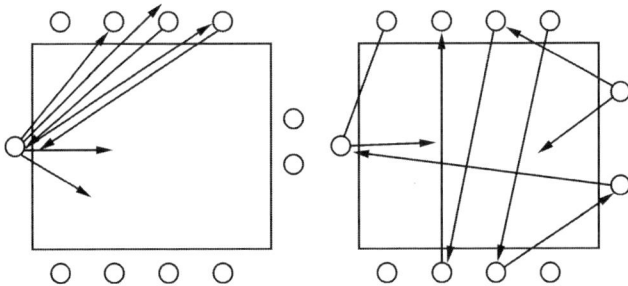

参与模式

在规定的讨论时间内绘制成员参与模式图是非常容易的，并且在团队建设中是很有用的。这样可以为团队工作提供一些客观数据，如上图所示。

核查表：参与模式
领导者讲话占多大比例？其他成员讲话占多大比例？
问题通常是提给哪些人的？是整个团队，还是领导者或特定成员？
不太讲话的成员是否表现出了兴趣，是否在认真倾听（非语言参与）？或者他们是否觉得无聊，表现出漠不关心？
领导者和团队中的其他资深成员是否展示出"把关"的技能？

▇交 流

团队成员对彼此的理解程度如何：他们是否清晰地交流了想法、价值观和感受？如果一些成员使用了高度专业化的技术词汇，这种高谈阔论也许会让其他团队成员觉得深奥难懂。

有时，一个团队会有自己的专门的词汇库，一些口头的缩略语或者某些不为外人所知的笑话。对于新成员或团队之外的人员来说，这些比较难懂。这些对于团队内的交流是有所助益的，但是作为组织中的一个团队，以这种方式和其他团队交流时会产生一些问题。

如果每个成员都能熟练地说、听、写和读，那么团队中的交流质量会大大地提高。事实上，往往一些人会在某些活动中比其他人更强，这就给这些人带来了作为沟通者的优势和劣势。在我的同系列著作《高效沟通：不可或缺的管理技能》中，你可以读到更多关于"讲好话的五个原则"的内容。这五个原则是：思维清晰、准备充分、内容简洁、语言生动、表达自然。

好的倾听者把倾听看作是一种正向的、探索的、积极的、合作的活动。通常，当一个人没有在会议上发言时，他/她往往在花时间制定他们自己的干预措施：他们听到了别人所说的话，却没有抓住别人讲话的核心意义，这让他们无法在必要的时候阐明观点并在别人讲话的基础上延展或将其融入讨论之中。

非语言的表达有时也很有说服力。一个人的姿势、面部表情和手势会在很大程度上反映出他/她的所想所感。比如，一个成员把椅子拉离桌子并向窗外凝视，其实可能是在向你和其他团队成员表达某种含义。

核查表：团队中的交流
团队成员是否清晰、简练、准确地表达了他们的想法？
成员是否准备充分，合理使用了视觉辅助工具和其他沟通工具？
对一些普遍概念（比如"最大利润"或"客户服务"）是否进行了充分定义，以便团队成员对其意义达成一致？
成员是否经常参考之前的成果并基于之前的成果发展自己的新想法？
当成员对某一陈述未能理解时，他们是否可以要求澄清？
对陈述的回应经常是不相关的吗？

▌凝聚力

将部分结合成为一个整体的纽带的强度决定了一个团队

的凝聚力。这个特性与传统意义上的士气和团队精神密切相关。团队凝聚力，即团队对成员的吸引力，也与对共同任务的兴趣投入程度有关。有时，它可以理解为在团队中产生一种"我们的感觉"，这点可以从成员使用"我们"（we, us）的频率中体现出来。低凝聚力的表现包括这类词汇在团队语言中的缺乏。

　　许多研究已经确定了让团队变得更加有凝聚力的条件。主要包括：

　　　　地域邻近：人们在同一个地方共同工作会形成团队，即便他们的工作不是互相依存的。长时间相处更容易增加凝聚力。

　　　　相同或相似的工作：从事相同或相似工作的人们会面临同样的问题，他们可以以各种方式互相帮助。这也是团队形成的来源。

　　　　同质性：如果成员有相同或相似的特征，如种族、年龄、性别、社会地位、态度或价值观等，则团队的凝聚力往往会更强。

　　　　个性：成员不需要有相同的个性，但是某些个性的组合会优于其他组合。当成员都有较强的社交需求，并且没有太多的强势成员或破坏性成员时，往往是不错的组合。

交流：如果成员之间可以顺畅沟通，那么团队的凝聚力往往更强。而当距离、干扰或组织安排使得沟通变得不畅时，团队的凝聚力就会下降。

规模：当团队成员超过12人或15人时，发展团队凝聚力就变得更加困难。小团队发展凝聚力更加容易一些。

如果归属于某一个团队在诸多方面对个人是有益的，那么该团队的凝聚力就会更强。研究证实：如果一个团队在与其他团队的竞争中有成功的记录，那么成员就更有可能被吸引加入或留在这一团队。高薪、高声望以及由加入该成功团队带来的种种好处，也是人们想要加入团队或一直留在团队的诱因。

薪酬或工作条件可以促进或延缓行业内团队凝聚力的发展。集体奖励计划，不同于个人奖励计划，更强调共同任务的同质性。流水线上每个成员的努力或者研究小组中每个成员的努力都会为他人的利益服务。但是，强大的团队压力可能会施加在拖累团队的"行动缓慢者"身上。这样的"乘客"可能会被迫离开团队。

团队凝聚力是一把双刃剑。下表列出了高凝聚力团体的优势和劣势：

高凝聚力团队

优　势	劣　势
更好的合作	对"懒人"的容忍度低
更多交流，更容易交流	对新入成员来说，日子更加艰难
抗挫折能力增强	限制新想法进入
劳动力流失少	在工作实践方面拒绝改变
低缺勤率	被其他团队视为"令人难堪的"或"好斗的"，因此减少了团队间的合作

　　团队领导应该时刻警惕团队凝聚力带来的不必要的副作用。因此，领导的工作之一就是保护个人免受群体力量的侵害。由于种种原因，团队权力有时会对个人不公。例如，团队可以把某个人变成替罪羊，其他成员心照不宣地将失败的责任归咎于某个人。这种行为的产生可能很大程度上是无意识的。这种行为不同于正常的个人问责制，个人问责制是不应该被团队取消的。

　　任何形式的类似伤害都应该由领导者制止。即使不为别的，就因为它最终会毁掉团队的团结，也应该被制止。

士气的要点

　　士气是一种精神状态。正是这种无形的力量，使整个团队的人不顾一切地付出所有去实现某件事情，而不

27

> 去计算自己的代价；士气让人们觉得自己是团队的一分子，团队比他们个人更伟大。士气要持久，它的本质在于其持久性。人们如果想要感受到这一点，他们的士气必须有一定的基础，士气的基础首先是精神，其次是理智，再次是物质。精神第一，因为只有精神基础才能承受真正的压力。理智第二，因为人们受理智和感情的共同影响。物质第三，很重要，但是排最后，因为当物质条件最差时，也可能会有最高昂的士气。
>
> 陆军元帅斯利姆勋爵（Lord Slim），《反败为胜》（*Defeat into Victory*）

团队凝聚力不等同于士气，尽管他们很接近。士气是20世纪引入的一个词，用来描述一个团队或个人在信心、纪律和共同目标感方面的状况。它涵盖了人们对任务的态度、对彼此的忠诚和对自我的尊重。士气与团队精神和团队凝聚力之间的联系是显而易见的。当士气高涨时，我们即便面临困难，也能开展工作。当士气低落时，我们面对批评、困难和失败则更加脆弱。

核查表：团队中的凝聚力

团队作为一个整体合作得如何？

有哪些次级团队或"孤狼"，它们对团队有何影响？

团队成员对共同任务领域正在发生的事情是否感兴趣？是否有证据证明他们感兴趣或是不感兴趣？

团队成员与领导者交谈时，是否将团队视为"自己的团队（our group）"？

虽有挫折，但成员信心是否高涨？成员有强烈的目标感和决心吗？

团队精神是显而易见的吗？成员之间是否相互支持和鼓励，是否在技术层面合作良好？

■■ 气　氛

　　虽然气氛和士气一样是无形的，但气氛更容易被感知到。它通常指的是团队的"社会气候"。与"冷漠、敌对、紧张、正式或克制"相对，它拥有"温暖、友好、轻松、非正式或自由"等特点。气氛影响团队成员对团队的感觉以及成员参与团队活动的自发性程度。气氛可能是暂时的，而气候意味着一种普遍的状态。

《团队》（*Groups*）一书的作者汤姆·道格拉斯（Tom Douglas）写道："团队会催生一种忠诚的氛围，因为人们承认为达到预期结果而依赖他人的重要性。所有成功的团队都有神秘的一面。成员接受其他成员的技能和知识作为共同资源。成员的分享意识很强，这种意识可以区分成员和非成员。"

气氛或气候与士气有关，士气表示一种独特的氛围。

气氛和士气之间的区别通常很容易理解：你自己能感觉到。另一方面，士气可以在对行为的观察中推断出来。领导力的重要构成之一就是要建立正确的气氛或气候。如果气氛或气候是错误的，就进行变革。我想引用《蒙蒂：将军的塑造》（*Monty: The Making of a General*）一书中蒙哥马利元帅（Field Marshal Montgomery）在1942年阿拉曼战役前接管第八军时的讲话：

你们不认识我，我却认识你们，我们要一起同心协力。因此，我们要互相了解，我们要对彼此有信心。我刚刚来到这里几个小时，但根据我来到这里的所见所闻，我完全有理由说，我对你们有信心。我们将作为一个团队一起奋斗。我认为我首要的职责之一就是营造我

所说的气氛。这里的普遍气氛让我不喜欢，气氛中充满
了怀疑、停止不前。这一切必须停止。我想让大家切身
感受到坏日子已经过去了，一切都会过去的。如果有人
认为我们做不到，那就请你马上离开。我们的团队不欢
迎持怀疑态度的人。我们可以做到，这点毫无疑问。

士 气

士气表现为一种精神状态，
是人们脸上的自信。

每个成员都对自己的定位有信心，
靠自己的能力立足，
制定自己的解决方案
——知道自己是团队的一部分。

没有人因为想要比别人更好，
而感到焦虑、恐惧或有压力。

人们有共同的想法，
有计划的自由，

对自己的价值深信不疑，

有知识。

寻求帮助时，

会有人回应。

最终，人们成长、成熟，

在有爱的气氛中。

——佚名

　　上述诗句描述了工作团队的一些有价值的内在特征，但没有提到团队对外部事件的反应方式。而对外部事件的反应也是体现士气的一个重要维度。

　　马克·吐温曾说过："每个人都谈论天气，但没有人针对天气做任何事。"你可以通过你在团队中的角色、你做的事和你说的话来影响组织的气候。

核查表：团队气氛和士气
你如何描述你主要的工作团队？是温暖、友好、敌对、放松，还是紧张？是正式还是非正式？是自由还是克制？
你能否表达出反对的观点或消极的情绪而不担心被报复？
团队士气是否低落？是否有怀疑、停滞的气氛？

▇ 标 准

每一个团队，在成员相处一段时间之后，就会制定一套行为准则或标准，规定什么样的行为是恰当的和可以被接受的。包括：什么是可以讨论的问题；什么是禁忌（如宗教或政治）；成员如何倾听彼此的意见；志愿服务的适当程度；什么样的工作时长和强度是恰当公平的；盗用行为是否被允许；以及更多的"可做"和"不可做"行为。

如果一个新成员之前所处的团队和新加入的团队有着不同的标准，那么对他/她来说，适应并接受新团队的标准就有些困难，因为很多标准都是隐性的，是成员心照不宣的。事实上，在某些时刻，团队可能也会对自己的标准究竟是什么感到困惑。

团队规范（group norm）是教科书中经常使用的一个短语，指的是权威性标准。"norm"一词源于19世纪，由拉丁语"norma"衍生而来，指的是建筑工人或木匠的规尺，这种工具帮助他们画出完美的直角。

对规范的过度遵守会阻碍成长、抑制创造力。因为有创造力的个体总是倾向于偏离或超越既定的做事方式或群体对世界固有的思考方式。因此，规范成了团队与个人之间的战线。这种紧张关系是下一章的主题。

标准可以被拆分为不同的分支，这些分支在某种程度上功能不同：

工 作	最好和最简单的工作方法，通常包括一些不成文的、约定俗成的规定：多快、多努力、多长时间、达到什么标准、有多少安全意识等。职业培训旨在灌输某些行为准则，以便个人在社会压力下工作时或者独自工作时能够有章可循
态 度	团队成员通常会共享态度、信念和价值观。一个团队接受一种共同的态度，这当然不意味着这种态度一定是正确的。团队也可能对历史有共同的解读，这种解读往往带有某些特定的集体主义色彩
人际行为	关于什么可以讨论、什么不能讨论、能否打断别人讲话、去哪里吃饭等，这些皆有规范。这种以标准方式进行社会活动的默契使得人们的行为变得可以预测、有序和令人满意。人们享受这种共同的常规。规范将人际冲突控制至最低限度，可以避免在提供帮助、分配工作和分配报酬等潜在问题上产生冲突
服装和语言	同一个团队的成员在着装和外表方面往往相似。他们有自己的一套私密语言，包括：俚语、与工作有关的技术术语、人和地方的绰号以及亚文化词汇（如下流话）。这一点在成员相互熟识的"老团队"中尤其明显
道德标准	从对浪费时间、偷窃、激励方案作弊等行为的容忍程度到实践伦理、讲真话和性行为的准则

标准最开始是一种团队原始成员之间达成的粗略的、现成的共识。这些共识事关如何达成目标以及如何紧密团结在一起。一些成员（领导者或核心成员）在标准形成这一进程中比其他成员的影响力更大。他们期待影响力小的成员以及团队的新成员接受这些标准。有几个因素可以促成标准的被接受。

首先，没有达到标准或有意识地选择偏离标准的成员会被其他成员反复劝说，会被施压去"服从大局"。他们要么顺化，要么离开团队。如果他们继续坚持到底，就有可能受到惩罚。有一句日本非常流行的谚语：竖起的钉子最终会被敲下去。

团队成员集体不满是最温和的惩罚方式。随着事态的升级，对越轨者的处理会变得更加严厉。当遇到困难时，他们得不到帮助；他们被安排做最差的工作；他们的工作受到干扰。他们可能会被排斥，遭受沉默的冷暴力或者如英国谚语所说——"被送到考文垂"（sent to Coventry）[1]，他们甚至会受到身体攻击。团队成员所储备的"仁慈的乳汁"一旦被耗尽，事情就会变得粗鲁、恐怖。

在这里，道德问题是不可避免的。首先，你要判断所推

1　send sb. to Coventry: 英国谚语，指的是将某人逐出社交圈子。——译者注

行的标准是好是坏。然后，你需要判定在当下情境中，集体施压的形式是否合理。

在正常情况下，我们不需要孤军奋战或从零开始来做出这些判断。社会有道德规范传统，宪法和法律中所规定的是底线。法律还禁止了许多明显的滥用群体权利的行为。你可以跟一个罢工的同事讲理，但你不能（或者不应该）打断他的手臂。

核查表：团队标准

你是否能辨别出团队中不成文的规定？

是否有个别或多个成员明显偏离了标准？

全体成员都能很好地理解这些标准，还是存在混淆？

团队的哪些标准可以帮助团队发展，哪些阻碍团队发展？

■ 结构和组织

团队有正式和非正式的组织结构。正式结构清晰可见（官员、委员会、指定职位），代表成员之间进行分工以履行基本职能。除了正式的结构之外，还有非正式的结构，其中很多是在幕后发挥作用的。这涉及成员的相对声望、影响力、权力、资历和说服力对完成一件事情的影响。

下一章我们即将讨论的"角色"的概念就与结构有关。结构差不多可以定义为团队或组织中"角色"的层级。

工作团队中的结构应该与共同任务直接相关。只要完成任务所需要的条件在变化，结构就应该是灵活或可变的。理想情况下，正式结构和非正式结构之间不应存在二分或重大分歧。尽管所有的组织都应该鼓励在"恰当的渠道"之外进行交流，但事实是只有设计好这种交流活动，才能避免交流重新落回某些旧的关系网中。

核查表：团队结构和组织
团队内部有什么样的正式结构或组织？
什么是看不见的结构：谁真正掌控别人，谁服从他人？
成员是否理解并接受该结构？
结构是否与团队的目的和任务相符合？

■ 运转中的团队

到目前为止，我们一直在从分析的角度研究组成团队的一些关键因素或变量，也就是团队的属性或维度。但是团队是动态的，在时间和空间上都不会停滞不前。除了分析，我们还要对团队这个动态变化的整体有一个全局观。

团队不仅作为一个整体在发展，其中的各个元素也在不断地相互作用。过程的改变会影响气氛，进而影响模式，进而影响凝聚力，进而影响士气，等等。

在团队"生命"的不断变化中，人们做了各种尝试来辨别不同的阶段或模式。

例如，在群体动力学运动中，许多理论家将群体形成的过程描述为螺旋式的、周期性的或在发展中互相承继的。

一些团队在处理某个问题的过程中，会全体达成协议搁置这个问题，而在一段时间之后，又会回到同一个问题，并对问题有更深的认识。了解这种螺旋式的效果是有用的，这帮助我作为一名导师，及时地给出干预措施。例如，在发表评论之前，要等待"温度上升至高点"再开口，这种等待很值得。当团队不处于工作阶段或周期，而处于"休息"或"暂退"的状态时，评论就不太可能产生效果。

不是所有的团队中都有连续、可识别的发展阶段。团队成长是一个渐进的过程。在这个过程中，主题与细节交织在一起，整体逐渐发生质变。我能想到最相近的类比就是音乐交响曲：曲调、乐句和情绪交织成动人的旋律。

因此，拆分、肢解的分析过程会带来双重危险，即过度简化和破坏构成团队的整体性。分析导致抽象，而抽象反过来又使我们远离日常所处的具体的、独特的、完整的团队。

　　明确、限定的发展阶段也许并不存在。但这并不意味着没有一致的连续变化。并不是每个青少年都会经历情绪化的阶段，但在人生的某个时段，我们往往会变得情绪化。不是每个母亲都会产后抑郁，但这种情况有发生的趋势。

　　我们只能尽量找出规律。在某些团队中，变化似乎是周期性或螺旋式的，有前进，有后退。在其他团队中，变化是突然地、跳跃性地发生的，其间穿插着没有变化发生的高原时期。在另一些团队中，既有螺旋式的发展，也有戏剧性的和不可预测的突然变化。同样，你可以在你所熟知的个体发展过程中，或在你自己的生活经验中，寻找类比。在思考下面表格中的团队发展模式时，你应该牢记这些因素。

团队发展

	团队结构	任务活动
形成期	相当多的焦虑，通过测试来判定当前情况，领导者或召集人有可能提供什么帮助，什么行为是合适的、什么行为是不合适的	任务是什么？成员们寻求这一基本问题的答案，同时了解将采用的规则和方法
震荡期	次级团队之间出现冲突；领导者的权威或能力受到挑战。意见两极分化。个体对领导或团队试图控制他们的行为产生抵触	任务的价值和可行性受到质疑。人们对任务的要求有情绪上的反应

（续表）

	团队结构	任务活动
规范期	团队开始和谐；开始产生团队凝聚力或开始团结。当有冲突的成员和解，对抗被克服时，规范就会出现。成员开始互相支持	成员开始合作完成任务；形成计划和工作标准。成员开始交流观点、交流感情
执行期	团队组织结构有利于完成共同任务。各角色服务于任务，角色与任务之间的灵活性得到发展	针对任务，大力开展建设性工作；团队努力在共同任务上取得成效，逐渐开始取得进展

以上讲到的这些对任何在团队中工作过的、有洞察力的人来说都是相当容易识别的。当出现未解决的问题时（例如谁主管），就会有权力斗争。有些人希望事情按照自己想要的方式发展，或者希望控制别人或享受权力本身，这些人之间就会产生权力斗争。人们往往会采取各种有说服力的方法来控制他人，例如提供建议、辩论或对抗。人们可能会采用一些操纵他人的策略，这些策略的使用也许发生在整个团队之外的次级团队中。人们可能会徒劳地向被任命或选举出的领导者提出上诉，要求他制止这种权力竞争。另一些人可能会反对一切形式的控制，他们享受自由，而这种自由往往是团队所缺乏的。

以上阶段问题的解决，以及最终进入执行期并不是全部故事的结局。已经是"矿石"的团队有可能会成为高绩效的"精炼金属"团队。本书第二部分的主题就是讲授如何将性能一般的完整"矿石"精炼为"超切钢"。

团队也可能陷入衰退，进入所谓的"休眠调整期"。这时，团队结构开始由常规和系统控制——一切都必须经过"恰当的渠道"。团队精神开始僵化，成员团结一致地待在"舒适区"。任务活动在数量和质量上都有所下降，但团队成员并不介意。他们太累了，哈欠连天。他们对过去的成就感到非常满意，因此选择把未被征服的高峰留给周围正在逐渐成形的、充满干劲的年轻团队。

不是所有的团队都是这样的。一些团队完成了他们的工作就解散了。另一些团队在完成一项工作之后，会因为享受合作的感觉而去寻找其他可做的事情。

■ 关键点：工作团队的一些特征

◉ 团队共享一些属性，这些属性在某种程度上可以被抽象为一些普遍的因素来进行探讨。它们包括共同的背景或历史（有的团队缺乏背景或历史）、参与模式、沟通、凝聚力、气氛、标准、结构和组织。

◉ 团队的变化和成长是因为它们处于变化的时间和空间中。当它们间歇性地前进、进步或者倒退时，你需要设法理解它们内部的工作过程。之后，你就可以更好地进行有益的干预。

◉ 形成期、震荡期、规范期和执行期这四个简单的阶段划分可以让你对团队的运行方式有一个大体的了解，特别是当你处于一个刚刚诞生的团队中时。

◉ 团队凝聚力至关重要，但请记住，它也会给团队带来一些潜在的不利因素。作为一名领导，你必须时刻警惕这些危险信号，然后采取行动应对它们。

◉ 要注意团队规范。它们是你想要的吗？如果不是，用你的语言和实例来改变它们。

- -

领导无非就是服务。

- -

03

角　色

角色代表一种能力，在与其他人相处时，我们按照我们的角色行事。角色是起源于戏剧的一种隐喻表达。演员在戏剧中扮演某个角色，而其他人则扮演其他角色。

这个词的来源给这个词带来一些持久的弦外之音。演员扮演或表演一个戏剧性的角色；这种扮演只是临时的，在戏剧散场时，他/她们就无须再演。

但在现实生活中的角色并不是"演戏"，也没有暂时性。正确理解这一概念，可以帮助我们了解人们在工作团队、家庭和社会中的行为。

■ 角色的多样性

角色往往是社会学家最喜欢的词。但在我看来，不管多么暂时或自发，把这个词应用到所有的社会关系中，会将这个概念淡化至空洞无用。

在工作团队、家庭、组织和社群的背景下，非戏剧意义上的角色通常应该指那些结构清晰的关系，例如教师-学生、领导者-追随者、医生-病人、丈夫-妻子。人们以符合角色的方式行事。各种各样的因素——功能性的、传统的或习惯性的，决定了人们对于合适行为的理解和定义。

来自社会研究的一个重要观点是：对某角色的"占有"在某种程度上体现了其他人对该角色行为的期望。如果一个警察为了给你讲一个笑话而在交通拥挤的情况下拦下你的车，你可能会担心：他的行为已经超出了他的职责范围。这种行为不是我们对警察这个角色的预期行为。

角色的概念也可以被应用于生活。希腊有句谚语："生活是个舞台，学会扮演自己的角色。"莎士比亚也表达了同样的想法：

世界是个舞台，

男人和女人们都是演员：

他们有自己的出场和退场；

一个人在他的一生中会扮演很多角色，

他的表演分七个阶段。

首先是个婴儿，

在护士怀里哭泣、呕吐。

然后……

　　这些是戏剧《皆大欢喜》（*As You Like It*）中常被引用的一些句子。莎士比亚列出了人生中的七个阶段。然后，他通过戏剧刻画了青年和成熟男人在这七个阶段中可能扮演的三个角色：情人、士兵和治安官。

　　现实生活不可避免地会更加复杂，但在广义上，莎士比亚的作品一直将角色粗略划分为家庭生活和工作中的角色。当然，当我们走过莎士比亚所说的七个阶段时，我们的角色会突然或微妙地发生改变。下面是一些例子：

家庭角色	工作角色
儿子或女儿	团队领导
丈夫或妻子	工会代表

（续表）

家庭角色	工作角色
父亲或母亲	高级工会官员
（外）祖父或（外）祖母	经理
姑／姨或叔／伯／舅	执行董事
兄弟或姐妹	首席执行官
……	主席

　　我们可以区分更正式的角色（如法官）和非正式一些的角色（如情人和朋友）。后者更多地出现在个人关系领域。在工作团队中，你应该注意到领导者的角色有时是正式的（例如，战斗机中队被任命的中队长或公司的首席执行官），有时是非正式的，是从团队中自然产生的、没有正式职位的领导者。

　　角色也和工作团队或组织中的地位以及社会地位有关。正如我们所见，作为团队结构的一部分，不同的个体将扮演不同的角色。在会议中，我们可以辨认出地位较低的成员，因为他们不会说太多话，非常礼貌、恭敬，不太引人关注。

　　因此，在所有团队中都会出现某种形式的等级制度或者"啄食顺序"。经济奖励、等级和地位往往是同时存在的，但并不总是这样。有时，地位（如英国的荣誉制度）与经济奖励是分离的。

在工作团队中，拥有最高地位的角色自然是领导者。他/她处于顶端位置，无论是隐性的还是显性的。我们现在要讲讲这一关键角色。

▇ 领导者的角色

现在人们普遍认为，在一个小的工作团队中，最重要的角色是领导者。和以往一样，在这里我们应该区分"角色"和"所扮演角色"的区别。我们可以用一般和非个人的方式来看待角色。我们可以客观地看待局势、所涉及的权利和义务，尤其是要完成的任务的要求，从而形成我们对角色的概念。然而，有些角色可能需要某些个人品质，领导力显然属于这一类。因此，每一个履行领导职责的领导者都将以自己独特的风格（品格和性格等个人特点的独特结合）来诠释这一角色。

尽管存在这些个人差异，但我认为，所有领导者的核心角色是一样的。这个角色的作用在于帮助团队完成其共同任务，将团队作为一个整体来维持，并确保团队中的每个人都各尽其能。

再重申一下，这一定义适用于所有工作环境中的领导者，无论他们的角色关系是正式的还是非正式的、选举的还是任命的、强加的还是应急的，在任何层次上都是如此。

这种对于领导者角色的观点不同于群体动力学中所讲授的观点。在群体动力学中，这种领导作用显然是没有得到强调的。群体动力学运动中有影响力的人物马修·B. 迈尔斯（Matthew B. Miles）承认，大多数团队确实任命了领导者，作为一种"安全网"或者用来保证有人去履行必要的职能。但这是基于被任命的领导者和成员都可以发挥领导作用这一假设的。

在群体动力学运动中，领导者这一角色的作用被低估了。早期的评论员曾对此做出批判。后来的一些社会心理学研究修正了这种低估。这种修正源于当时美国文化中独特的情境因素。

角色冲突

工作中也存在角色冲突。不管具体的职位头衔是什么，管理者都充当三重角色。第一重角色是领导者，这重角色根深蒂固，以至于其他两重角色（追随者/下属以及同事）常常被忽略。并且，后两重角色很模糊。你对你领导的团队负有责任，你对上级要表现出忠诚，你和地位相当的同事之间要尽力合作，然而，这其中可能会存在相当大的紧张关系。每个人都是这三重角色的三位一体。

从这个意义上讲，下一页"角色问题"表格所示的和工作角色相关的压力问题并未完全解决角色冲突问题。

你角色的不清晰以及你在角色中的不适感会导致你周围的人产生不安全感、缺乏自信、恼怒、焦虑甚至愤怒。所有这些都会加剧压力。正如我们所知，挑战可以使人振奋。但这种挑战很容易演化为一种重负，并且，顾名思义，这种重负是破坏性的。在压力下工作和在重负下工作是有区别的。这种角色重负所带来的症状有：

重 压	通常伴随着身体症状。行为特征包括：易怒；对琐碎的细节一丝不苟，强调精准；把事物二分为"黑"或"白"；刻板的反应；对团队压力和组织谣传的敏感度剧增
低士气	通常表现为：对工作的不满；对组织的愤世嫉俗的评论；对同事和团队成员的信心不足；无用感
交流障碍	通常这个人变得心事重重、沉默和孤僻，很难交流

当然，除了角色重负，这些症状还可能与其他来源的压力有关。如果根本问题与角色有关，则应按照"角色问题"表中的建议采取行动。

■ 关键点：角色

⊙ 就像我们买现成的衣服一样，我们在工作中扮演或渴望扮演的大多数角色都是以它们各自的方式存在的。一个团队可以看作是各种工作组成的一个结构。

⊙ 如果一段关系进入实质阶段，那么角色就会开始出现。相反，如果你先有了一个角色，这个角色会告诉你什么样的行为和关系需要你。

角色问题

问　题	原　因	策　略
角色超负荷	不等于超负荷工作。当一个人有太多的角色需要他/她去处理时，会出现这种情况。令人困惑和疲倦的是一个人要应付各种各样的工作，而不是大量的工作	按照优先级，将一部分角色暂缓，接受自己较低的表现水平。同意重新分配角色职责
角色负荷不足	当一个人被赋予了一个远远不符合他/她的自我概念的角色时，这种情况就出现了。不管是不是无关紧要：是个人的感知导致了角色不足	除了你自己的角色之外，还要承担别人的角色。发挥你的想象力来发展这个角色

（续表）

问 题	原 因	策 略
角色模糊	当某焦点人物或其团队成员、同事或上级对该人物在某特定时间的角色定位不清时，就会出现这种情况。模棱两可不一定是坏事，它有助于创造。但这种不确定性可能会被认为是没有帮助的和带来压力的	要求与问题有利害关系的组织主要成员做出澄清。与他们谈判，让他们更清楚地了解你的角色

◉ 角色永远不应该被完全定义，即使这是可能的。如果被完全定义，人就没有创造的空间了。但你应该尽量搞清楚任何一个特定的角色。

◉ 许多人对自己所扮演的角色缺乏概念。尽可能多地利用资源来扩大和加深你对这些角色的理解。

◉ 这尤其适用于工作中的三个基本角色：领导者、下属和同事。

没有人格的角色是空洞的，没有角色的人格是无效的。

04

成员职能

- -

同心协力，每个人都会获得更多。

- -

也许群体动力学研究最持久的贡献在于加深了我们对于团队中任务行为和维护行为之间区别的理解。任务行为是不言而喻的。在本书的语境下，维护意味着将团队团结在一起或将团队作为一个整体来维护。

发现团队中这两个不同领域的差别是一个真正的里程碑。这两个领域有着不同的关注点和反应方式。人们的反应方式可以按照功能分类——按照你做什么或说什么来分类，而不是以人来分类。以前很多关于组织职能的讨论，在当今团队现实生活中都体现出来了：实现共同任务的需求以及作为一个工作实体团结在一起的需求。

在群体动力学中，关于团队工作还有一个重要的区分：内容与过程。内容是团队成员所谈论的，而过程则涉及如何做出决策等问题。每个人都知道过程是什么，但仍然很难定义它。加热未煮熟的食物是烹饪的"过程"：它将材料从一种形式转换到另一种形式。

这里有一个潜在的混淆，因为内容与过程之间的对比不能等同于任务与维护之间的对比。它们是两套不同的想法。

任务和团队维护职能

在第二章中，我们了解到早期团队生活中会发生什么。必须重申，在这些研究中，主体是群体动力学运动中的训练团队。因此，即便它们不是独一无二的，也是不常见的。

当时人们并不像现在这样容易理解情境因素的影响。因此，当情境变为现实生活中熟悉的工作团队情境时，在照搬经验之前，我们有理由犹豫一下。不过，我认为，群体动力学运动确实提出了一些与所有团队工作者相关的有价值的见解。如果我们对这些见解置若罔闻，那将是愚蠢的。

在继续阅读下面有关职能的内容时，记住源头尤为重要。这些内容是基于群体学理论家肯尼斯·D. 本尼（Kenneth D. Benne）和保罗·希茨（Paul Sheats）于1948年的研究，引用自他们发表于《社会问题新闻》（*Journalism of Social Issues*）的文章《团队成员的功能角色》（*Functional Roles of Group Members*）。他们对于职能的列表显然与团队类型的非结构化讨论有关。实际上，本尼和希茨是为1947年在美国建立的第一个团队发展全国性训练实验室制定的这个列表。这份列表的内容基于对参与职能的分析。他们对"团队讨论"展开分析，将讨论的内容与过程进行编码，以供研究之用。

你会注意到，在他们的著作中，两位作者谈论的是成员角色而非职能。我认为将职能拟人化是不对的，这一点我稍后会再谈。就我而言，我更喜欢用"角色"这个词来形容那些结构更为明显、行为模式更有一定之规的关系。在对某种行为模式的遵守和违反中，我们可以辨别出"角色"。我要再次强调，如果任何形式的社会关系，无论是暂时的还是自发的，都被视为一种角色关系，那"角色"这个概念就会变得过于普遍和包罗万象。这样，它就会失去作为社会分析工具的价值。然而，我在这里还是要复制一下本尼和希茨的分类方式。

▌团队任务角色

本尼和希茨所探讨的团队，其任务大致是选择、定义和解决共同的问题。他们定义的角色职能主要涉及促进和协调这些团队解决问题的活动。当他们进一步提出"每个成员当然可以在任何特定的参与单元中扮演多个角色，并且在后续的参与活动中扮演多种角色"时，他们对于"角色"一词的不当使用就凸显出来了。以下是他们列出的12个类别：

发起人——贡献者	提出新的想法、新的目标或新的问题定义；提出新的程序；提出克服困难或处理组织形式的方法
信息探索者	要求对建议的事实准确性进行澄清；寻求与问题相关的信息和事实
意见征求者	就团队正在承担或参与的各项事情征求意见，并就各种意见做出价值上的澄清
信息提供者	提供事实或概述，这些事实或概述是"权威的"，或基于个体经验与团队问题之间的联系
意见提供者	陈述他/她的信仰或看法，与提案或正在被考虑的备选方案有相关性
阐述者	用例子或拓展的意义来阐述建议；给出建议的理由，并试图推断出按照建议执行的结果
协调者	显示或澄清各种想法和建议之间的关系，并试图将它们结合在一起；试图协调成员或分支团队的活动
引导者	根据目标确定团队的定位；总结所发生的事情；指出对商定方向的偏离；就团队讨论的方向提出问题

（续表）

评价者——批评者	使团体的成就服从于某种标准或某套标准
激励者	促使团队采取行动或做出决定；试图刺激或激发团队进行"更大"或"更高质量"的活动
程序技术员	通过为团队做事、执行日常任务（例如分发材料、安排座位、操作设备）来加快团队发展
记录者	记下建议，对团队的决定记录存档；充当团队的"记忆库"

■ 团队建设以及维护角色

根据本尼和希茨的说法，这里对成员职能的分析侧重于那些有目的的贡献：在一个团队的成员中确立以团队为中心的态度和方向，或保持和延续这种以团队为中心的行为。一种特定的贡献可能会涉及几个角色，并且成员或领导者可以在连续的贡献中扮演不同的角色。在这里，他们列出了七个类别：

鼓励者	赞扬、同意和接受他人的贡献；在对待其他团队成员的态度中，表现出热情和团结；对其他的观点、想法和建议表示理解
调和者	调解其他成员之间的分歧；试图通过幽默缓解冲突局势中的紧张，平息事态等
妥协者	以个人想法和立场来处理团队中的冲突。他们可以通过让步、承认错误、约束自己以保持团队和谐或通过"折中"来妥协
稽查者	试图通过鼓励或促进其他人的参与来保持沟通渠道的畅通（如鼓励别人发言，说"我们还没有听到X先生的想法"等；规范信息流，例如限制发言的长度，以便所有人都有发言机会
标准制定者	制定团队的标准或应用标准来评估集团流程的质量
团队观察员——评论者	保持集团流程各个方面的记录，并将这些数据及数据的阐释作为团队对自身流程评估的部分依据
追随者	和团队的步调保持一致，或多或少地被动接受他人的想法，在团队讨论和决策中充当听众

■ 个人角色

本尼和希茨还将"个人"角色纳入，并用引号强调"个人"这个词。显然，他们不看好这种个人行为。团队成员满足与团队任务无关并且对团队建设和维护没有导向甚至有消极导向的个人需求的尝试，会造成团队和成员培训的问题。和"以团队为中心"相比，一个团队中如果发生了太多的"以个人为中心"的行为，那么这个团队就需要自我诊断了。

他们定义了八种"无用的"个人角色：

侵略者	贬低他人的地位；表达对他人价值观、行为或感情的不满；攻击团队或团队正在处理的问题；攻击性地取笑别人；对他人表示嫉妒
阻碍者	倾向于消极和顽固地抵抗；没有理由或者毫无道理地表示不同意和反对；试图在团队拒绝或绕过某个问题后维持或恢复该问题
寻求肯定者	以各种方式唤起人们对自己的关注：吹嘘、报告个人成就、以不寻常的方式行事或努力避免被置于"劣势"的地位
自我表白者	利用团队环境提供的面对听众的机会来表达个人的、非团队导向的想法、感受和见解
花花公子	以玩世不恭、漠不关心、胡闹和其他"出格"行为的形式，表现出他/她对团队进程的缺乏参与

（续表）

支配者	试图在操纵团队或某些团队成员时维护优势权威，例如，通过奉承主张优越的地位或引人注目的权利；强势地给出指示，打断他人讲话
寻求帮助者	试图通过表达不安全感、个人困惑或对自己的无理贬低，引起其他成员或整个团队的"同情"
特别利益辩护人	代表"小商人""草根"群体、"家庭主妇"、所有"上班族"等等，通常在最符合他们个人需要的模式化观念中掩盖自己的偏见

正确地看待职能

假如你在20世纪50年代和60年代参加过美国T团队，这些关于角色的说明会让你对你可能观察到的行为有一个公正的认识（T团队是没有领导的组织，除了成为一个团队外没有其他任务。最初，它们被用于研究，但后来成为训练方法，因此被称为"T"[1]团队）。在敏感性训练中，对任务、小组和个人行为的观察（使用本尼-希茨表格作为观察量表）发挥了主要作用。这种敏感性包括对各种角色的敏感性以及对一个人扮演的角色及其对他人影响的敏感性。

---

1 T是英文training的缩写，training表示训练、培训。——译者注

你可以看到，虽然"任务"（task）、"团队"（group）和"个人"（individual）这三个标题已经处于萌芽之中，但职能（别名"角色"）非常依赖于非结构化的和所谓"无领导式"的团队设置。在第六章中，我会展开介绍这些职能，并联系现实生活情况。

你会注意到群体动力学运动中对于个体相当矛盾的暗示。除非个体以某种方式使自己服从于群体，否则他/她将被视为相当讨厌的人。这种群体动力的反个人主义后来引起了许多研究者的批判，如威廉·H.怀特（William H. Whyte）。威廉·怀特是颇有影响力的著作《组织人》（*Organization Man*）的作者。

20世纪60年代一些著名的先知心理学家，如A. H.马斯洛（A. H. Maslow）和弗雷德里克·赫茨伯格（Frderick Herzberg），也加入了这场批判活动。在下一章中，我将介绍我个人对于团队和团队成员的看法。

当你阅读本尼和希茨对于"个人角色"的描述时，尤其是那些将个人角色与团队剥离的描述时，你就会明白为何美国的社会心理学家们只关注"任务"和"团队维护"（人际关系或社会情感行为），而对"个体"因素完全置若罔闻了。其他的美国理论家，如布莱克（Blake）和莫顿（Mouton），赫西（Hersey）和布兰查德（Blanchard），都是在"任务"和"人际关系"这两个维度的"有限调色板"

上工作的；而在英国，我一直将三环（任务、团队、个体）作为一个整体概念来发展。在下一章中，我将以更积极的方式来对第三个维度，也就是"个体"，展开探索。

▪ 关键点：成员职能

◉ 我们可以用多种方式来分析团队生活。"内容"和"过程"之间是有差别的。"内容"是团队所讨论的，而"过程"是团队的运行方式。与此相关却又不同的是，我们还要区分"与任务相关的行为"、"与维护团队相关的行为"和"仅仅表现个人特质的行为。"

◉ 这些先驱研究，用今天的观点来看，在许多方面都不能令人满意。但这些帮助我们形成了对领导力职能的初步理解。

◉ 你应该注意练习在小型团队中观察。本章列出的类别可用于此目的，前提是你要不太过于认真对待这些类别，而是将这些类别仅作为参考而已。要成为一个参与式观察者。

当每个成员都为共同任务和团队建设做出贡献时，就形成了高效的团队。

05

个　体

我们不能只为自己而活。

成千上万根纤维把我们和我们的同胞联系在一起；

在这些纤维中，

同情心串起了我们的行为。

有因必有果。

——赫尔曼·麦尔维尔〔Herman Melville，美国作家，

《白鲸记》（*Moby Dick*）作者〕

　　团队首先是个体的集合。因此，要想了解团队，首先要了解个体。那我们如何了解个体呢？人们认为，在普遍层面上了解个体是不可能的，因为这是一个矛盾的术语。如果你想了解比尔，你要和他交谈，研究他，读他的生平故事，而读再多关于普通男人的书籍也帮不了你。比尔就是比尔。

　　这种说法有一部分是正确的，但也有一部分是错误的。因为这一说法讲的是一种极端形式，比尔被假定为一个完全

独特的人。但事实上，比尔会有一些其他人也有的共性。这些共性包括什么呢？

说到这里，我们就要开始讨论了解个体的策略了。我们需要：（1）理解什么是我们所有人的共同点，哪些是可以预知的、所有人都会想成为的样子或想做的事；（2）理解什么是不同的、特殊的，是个体经验中独有的。我们需要在这两种视角中获取平衡。

在本章中，我将陈述我个人对团队中个体的观点，以及个体与团队或社会生活之间的联系。

个体有哪些共性

众所周知，人类与动物有许多共同点：例如，需要食物和住所、安全和自我保护。在这方面，人类和机器有一些共同的特性；原材料的输入、能量的转换和输出。然而，这两种模型（动物和机器）并没有把我们带入人性的领域。

我们的社会性根源于我们进化的历史，在某种程度上我们也和动物一样。不同种类的哺乳动物、鸟类、鱼类或昆虫在社会化的程度上有所不同。有些生物是单独生活、单独狩猎的，只有交配的时候才会在一起。我们最近的亲戚——大猩猩、类人猿和黑猩猩，显然属于更加社会化的物种。

然而，当我们将我们的社会行为与猿类的社会行为进行比较时，我们会发现一些显著的差异，也会发现一些相似之处。有一点尤其引起了我的兴趣。小孩六个月之前，母亲会把东西交给他/她，让他/她握在自己的小手里。逐渐地，孩子会在这个"为交换而交换"游戏中参与得更多。在一岁之前，这个游戏中一半的"给予"活动孩子都可以完成。大猩猩幼崽却不会做这些。

换句话说，人类母亲会自然地唤起孩子给予和接受的人类天性。人与人之间的这种互惠关系，以礼物的给予和接受为标志，使人类向前迈进了一大步。甚至在孩子有自己的东西可以给予之前，父母就会给孩子钱或物，让他们买礼物或做礼物送给父母。这是一个让孩子成为人类大家庭正式成员的游戏。家庭生活的本质是给予和接受。

在这种社会背景下，人的个性得到发展。在成为一个特定的人之前，我们都是人类群体中的一员。

我们很难想象一个人没有这种给予和接受的社会交往。当然，礼物的交换象征着在社会中愿意给予和接受的深层意愿。我们在有能力之后，会根据自己的能力给予、付出，正如我们接受别人能力范围内的给予一样。我们的给予代表了我们的为人，就如我们的给予也决定了我们将要成为的人。

我承认，人性中有一种只想接受、不想给予或希望接受更多而付出更少的倾向。这种倾向在一些孩子的身上由于父母的无能而得到加强。这种倾向是一种更深层次的自私的表现，这种自私可以控制我们。当然，在某种程度上，我们必须自私或以自我为中心才能生存。把自己放在第一位是自然的，尽管这在本质上是由"群体本能"来平衡的。"群体本能"指的是群体或物种对生存的渴望。但人性中对自我的偏见，是我们可以看到并憎恨，却又无能为力的，它会使我们在与他人的关系中变得贪心、贪婪。

人性的这一面有它的矛盾之处。这种矛盾不仅体现在企业舍弃个体福利而追求"群体效应"上，也体现在所有人际关系中，以及我们以模糊、扭曲或支离破碎的方式感知到的自然道德法则中。给予和接受在价值上应该大致相等，这是一个定律。

这一公平原则在刑事案件中有一个特殊的应用，概括起来就是一句谚语：以眼还眼，以牙还牙。同样的原则也适用于易货贸易：被交换的商品应该是等值的。随着货币的引入，人们有了一种更为便捷的交换手段，买卖的商品或服务的价值应与交换的黄金、白银或铜的价值相等。

大多数社会心理学家认为，一个人和一个群体之间有某种形式的心理接触，成员的报酬大致等于个人的投资（时间、才能等）。满意是一个无法精确定义的概念，但如果个人感觉到的满意度低于某一水平，他/她将离开这个群体。

正义的概念只构成道德概念的一部分，它只是人际关系的基础。我们作为人，要思考人类精神。

人类精神显然不应被视为人类构成的一部分。更确切地说，人类精神是用来谈论人的一种方式，人类精神使得我们成为最真实和完整的个人。

我认为，精神的概念包括了所谓"自我超越"的能力。"人类精神"一词与我们超越自身局限的非凡能力有关，起源在于我们意识到自己是有限的个体。我们可以后退一步，审视自我，意识到我们作为人的特性。

团队合作最吸引人的地方之一就是：身处一个优秀的团队，我们可能超越个人在知识、能力和表现上的局限。

一位高级经理曾对我说："人生中最有回报的事情之一就是与一群致力于伟大事业、对彼此完全忠诚的人和谐相处、愉快地一起工作。"我们大多数人都会同意他的观点。

这是超越自我利益的第一步。因为这种自我超越的能力主要存在于我们与他人的关系中。有人说过，你的精神从来没有你的身体、你的生活或你的个性那么独特。你的精神只存在于你与他人的关系之中。

回到给予和接受之间的道德平衡。当你爱一个人的时候，你很可能有时会超越规则。在无法得到回报时，你仍然会给予。你得到的报酬是欣喜。它不同于快乐或满意，却能为你带来更深、更持久的满足感。

在人际关系中，我们以公平的观念行事，基于互惠或对等义务或责任的"契约"行事。但是，作为人，我们可以听从内心的声音，超越那个契约。因此，人类精神还有更充分、更完整的体现。我时常因这个事实而陷入沉思，从而对人性满怀希望。

从这个意义上说，作为一个人的概念赋予我们一项人权：我们坚持要被视为一个人去对待，不是被视为动物、机器或东西。在这个意义上，我们每个人都有不可被剥夺的尊严。我们有责任要求所有人都至少默许或承认我们的尊严，而我们也会为那些遭受诽谤的人们去抗争。

这再次构成了一个核心道德原则。以两性关系为例，基本的契约不是"你把我当女人，我把你当男人"，尽管在某些情况下这体现了一个进步。道德契约也不能被理解为"你把我当作一个人，我就把你当作一个人"。对一个有道德的人来说，不存在这样的有条件条款。我必须把你当作一个人来对待，因为你是一个人，不管你是否以善意的方式回应我。因此，把人当作物件来对待，以各种方式操纵或利用别人，将永远行不通，至少从长远来看是这样。

这些原则事关所有人，而不是特定某些人。在高效团队建设和领导力层面上，我认为这些原则对我来说是非常重要的。你的态度最终来源于你对人性的信念、看法或假设。如果你对男人和女人的基本认识出现差错，那么这种一定程度上的错误会最终影响你对工作中的人们的态度。你也许会质疑我在这里所表达的观点。但我希望，至少我的话会激励你去思考你自己的人性观，让你对自己的价值观有更加清晰的认识。因为如果你对人性的看法有缺陷或不足，那么你周围的人一定会意识到这一点。任何"人际交往技巧"或"行为技巧"的积累都无法为你挽救这个缺陷。

作为人去发展

作为一个人，你的特征并不是完全由环境的作用决定的，这些特征也取决于你独特的先天条件。你的遗传特征为你提供了特定的天性和潜力。你和世界之间的对话也可以被理解为遗传和环境之间的对话。

就个人而言，这场"对话"的一些早期元素（在家庭和学校中）可能包括：

信任感	随着给予和接受行为的发展，信任自己和他人。在建立信任关系之前，不会进行重要的沟通
自主意识	一方面，一个孩子需要父母的不断关怀、监督和爱护；另一方面，他需要坚持自己的意志，作为一个独立的人站在父母的身边。他需要成为他人的一部分，又与他人不同。既要有归属感，又要能自给自足

（续表）

主动意识	孩子必须知道他/她将成为什么样的人。鼓励他们培养一种主动意识，这将帮助他们进行探索。主动意识会驱使人们开始有所行动
勤奋感	在学校打球、学习和加入团队可以培养一种勤奋的意识。职业工作——成年人的主要贡献，是个人生活的核心
正直感	正直意味着首先要学会坚持标准或超越小我的价值观。这为生活提供了参考点，让人们超越了自利。这有助于人作为一个整体的和谐发展
安全感	人们喜欢并需要一种安全感。在与生活中重要他人的关系中，人们有一个自我的位置。对这种位置的理解带来了安全感

■ 个体和个人主义者

个体只是特定的人。"个体"这个词经历了一场意义的革命。它来源于拉丁语"individuus"，意思是不可分割。这个词曾经被用来强调我们是结合在一起的：作为个体，我们是不可分割的。现在它强调了完全相反的事实，即每个人都是一个不可分割的整体，作为一个独立的实体存在。

在当代，我们强调个性，强调一个人特有的、区别于其他人的特征。这种对于个性的强调受到西方一些文化趋势和潮流的影响：宗教、教育和艺术。在我的著作《管理与道德》（*Management and Morality*）和《开国元勋：英国和美国的清教徒》（*Founding Fathers: The Puritans in England and America*）中，我讨论了"个体"这一概念的历史，在此我将不再重复。日本在20世纪中叶之前，都未曾受到这些影响。它的一个特点是社会、组织和团队概念更加突出，个性观念发展水平相对较低。当然，随着西方的影响逐渐显现，情况正在发生变化。

对个体的过分强调和对团队的过分强调一样，都有害于高效的团队合作。对个体的过分强调会导致个人主义，个人主义在伦理上将个体利益置于至高无上的地位，有时还伴随着"所有价值观、权利和义务都起源于个体"的这种认知。因此，个人主义会导致人们集中精力促进个人的政治和经济独立。个人主义提出的关键词是：个体的主动性、行动和利益。这种个人主义的思想是建立在一个"半真理"的基础上的：它忽略了真理的另一半，即，我们都是"彼此的成员"。正如英国宗教诗人弗朗西斯·夸尔斯（Francis Quarles）所说：

> 没有一个人是独自生活的；
>
> 自食其力的人，一无所有。

在我们的文化中，这些运动旨在通过教育承认每个人的尊严，发展我们共同的和独特的特点。这让我们更加自觉地认识到自己的个性。有时候，意识的提高伴随着一种"宇宙的孤独感"。亚历山大·塞尔柯克（Alexander Selkirk）是《鲁滨孙漂流记》（*Robinson Crusoe*）主人公的原型，他在威廉·柯珀（William Cowper）的诗中表达了这种感觉："我是人类无法企及的，我必须独自完成我的旅程。"

我们中的大部分人对其他人是怀有热爱之情的，我们不会故意选择将自己与他人隔离开来。而有一些人会这样做。对这些人来说，成为一个个体，自由是必要的。因此，他们不愿成为团队成员，逃离团队带来的限制，对团队带给他们的好处无动于衷。

美国作家亨利·大卫·梭罗（Henry David Thoreau）在一百年前开始独自生活在荒野中，他写道："无论一个人走到哪里，其他人都会追他，用他们肮脏的机构去抓他，如果可以的话，他们会把他束缚在他们绝望的、古怪的社群中。"

极端个人主义者，在第一层意义上，是坚定提倡和实践个人主义的。很显然，他们会发现作为团队中的一个成员去配合工作是很困难的。团队成员有一个默认的契约，要把整个团队的利益放在自己的利益之前，至少在完成任务期间是这样的。如果团队的利益与个人主义者的利益相冲突，个人主义者总是会把自己的利益放在首位。由这些个人主义者组成的社群和组织的自然趋势是分裂。例如，在美国早期的殖民时代，这样的个人主义者被允许去现在的罗得岛州定居。在那里，可以预见的是，他们的自我统治将面临严峻的挑战。

然而，工作团队、社群和组织应该能够容纳第二层意义上的个人主义者：那些在思想和行动上追求明显独立的人。那些有创造力的人——艺术家和科学家、发明家和领导者，也倾向于被称为个人主义者。

领导和管理个人主义者并不容易，个人主义者也不容易屈服于别人的管理和领导。他们更倾向于接受优秀领导者的领导，那些他们尊敬和信任的领导者。他们对系统的、常规的、官僚式的管理方式并不以为然。他们中的所有人都需要被视为独立个体，这是我们下一部分内容的主题。

除了受到良好的对待，还有什么会吸引个人主义者加入团队呢？又是什么支撑他们一直待在团队中呢？

为了回答第一个问题，我们必须回到互惠的概念，即表现和建立人格的"给予"和"接受"。

■ 分　享

给予和接受意味着一种双重的关系模式。在下面的"双向关系"图中，两个相关的人就像凝视着对方的眼睛：

双向关系

但还有第三个概念——分享。下面"分享"图中的两个人就像共同注视着第三个对象或人。可以说，他们是用眼角看着对方的；当他们走向共同目标时，他们离得更近了。

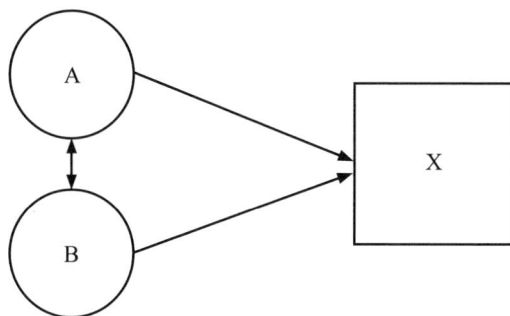

分享

A和B之间的给予和接受仍然发生在三重模式中，但它发生在共同的兴趣、任务或关注领域X的背景下。例如，如果你对集邮有热情，你可以给予和接受邮票样本的礼物，或者在你的邮票俱乐部里与一位爱好者进行易货，或者你们可以就如何保存和展示藏品做简单的交流。

因此，即使是最虔诚的个人主义者，当他/她发现其他人（也许同样是一个热切的个人主义者）分享他/她的特殊兴趣时，也可以被吸引到合作的社会生活中。这种精神上的共同点往往让人们建立持久的友谊。

如果 X 对 A 和 B 来说有足够的价值，那么 A 和 B 也很有可能会接受对个人自由的某些限制，从而一起去追求他们都渴望的共同目标。

自由人合作的第一个条件是对共同任务价值的感知。这个共同任务一定是值得的。第二个条件是贯彻、内化纪律规则的能力，它能让个人主义者持续待在团队之中。这种能力可以将共同任务和合作带来的约束转化为自律。在我看来，这是调和两种明显对立的唯一方法。自律意味着约束，但是自律是你自己对自己提出的要求，所以你可以保持自由，没有人强迫你这样做。因此，英国诗人约翰·米尔顿（John Milton）告诫人们："爱美德，只有她是自由的。"

这种美德，这种自律，不仅改变了社会或技术限制的经验，而且超越了它们的要求。对个人自由的最低限度限制通常以法律或规则的形式体现，有些是不成文的。一个自律的人既会遵守，有时也会超越这些规则。例如，一个天生彬彬有礼的人，有时会超越礼节或良好举止的要求，做得更好。他们被认为是自由的，尽管事实上他们让自己服从于某个苛刻的规则。

个人主义者能在团队中工作吗？可以的。只要他们在共同任务中看到足够的价值，并且合作努力比个人努力更有可能产生结果时，他们就会这样做。他们需要找到这种理性的证据并最终说服自己。但是，只有他们约束自己接受甚至超越团队的标准时，他们才可以在工作团队中维持自己的地位。然而，这种自律有着诱人的好处，因为它可以维护个人自由。

■ 将人们视为独立个体去对待

　　我们都是个体，虽然我们不都是个人主义者。将成员视为个体去对待的团队和组织相比将成员视为"一组数字"去对待的团队和组织，更有可能取得成功。但是，"请把我当作一个个体去对待"这句话到底有什么含义？

　　每一个人，如同每一种情况，都是独特的。认识到这一点，是正确态度的基础。我们之间在需求、气质、兴趣、习惯、工作等方面自然有相似之处，但在我们每个人身上，所谓相似之处也是以某种特定的方式存在的。你我可能都有幽默感，但幽默感也不尽相同。当我们对彼此愈加了解之后，我们以及我们的朋友们都会意识到不同幽默感之间的显著差别。

　　作为一个经理，你和成千上万的其他经理有共同之处，又相对不同。也就是说，如果你想在工作中卓有成效，展现最好的自己，你就必须尊重自己的个性，也需要让别人尊重你的个性。

当你被简单地看作是一名经理（或技工）时，你只不过是一个样本而已。现代生活中的一个悖论是，尽管对于个性的主张比以往任何时候都更频繁、更强烈，但我们同时也忙于压抑个性。在一个又一个的团队中，我们被劝说、哄骗、欺骗或迫于压力去压制我们的主动性、判断力和责任。许多人除了是团队的一员，已不再有权力或影响力。我们已经将复杂的个性压缩，逐渐趋同于他人。

只有在个体的人性和人格得到承认、理解和接受时，人们才能从这种初期的群体或组织的暴政中解放出来。个体对共同任务和共同生活所能做出的独特贡献需要被欣赏和肯定。

练习：找不同

选择你熟悉的任何一个人，在下列标题下，列出他们与其他人的不同之处：

性情	认知能力
态度	信念
能力	动机
价值观	技能
知识	性格
才智	创造力
历史	背景

有人说，一个成年人有几万种信仰、几百种态度，但只有几十种价值观。你同意吗？

■ 板球队长的反思

英格兰最成功的板球队长之一迈克·布雷利（Mike Brearley）反思了平衡个人利益和团队利益的重要性。如果将一群个人主义者集合起来，组成一个团队呢？

> 板球是一项团体赛事。正因为这样，它不是激烈的个体对抗。个人利益也许会与团队利益相冲突：你可能已经很疲惫了，但你还需要继续投球。你可能需要牺牲

你的三柱门，去快速奔跑。而这些矛盾的紧张关系很容易导致板球运动的职业恶习——自私。

个人成功的动力对团队至关重要。没有它，一个球员可能会失去自己的价值，会产生一种有损于球队的不自信。例如，他可能会认为自己为团队统一而持续蹲守数小时的行为没有意义，这种不自信会损害团队的长期利益。我曾见过一整支球队为了免于被诟病自私而做出的行为，击球手们为了证明自己不自私而竞相寻找更可笑的方法来把自己撇干净。

将队员的个人利益和团队利益快乐地融合在一起是队长的工作。这事关团队和个人之间的平衡。因此他需要帮助队员创造和维持自己的身份，同时又不能减弱团队的一致性。他需要帮助队员尽可能充分地表达自己，而不损害整个团队的利益。

作为英格兰板球队的队长，布雷利的继任者伊恩·博瑟姆（Ian Botham）在谈到布雷利时说："他确实有一套方法。他把我当作一本书去阅读。他知道我在想什么，能让我展现最好的自己。"正是这种理解每一个人的能力、理解构成整体的每一部分的能力，让布雷利成为如此杰出的领导者。

05 个 体

■ 关键点：个体

◉ 个体是一个特定的人。一个完整的人意味着他/她能够给予和接受。我们了解公平的概念。公平指的是相互交换中的等价性。但是，拥有了人类精神，我们可以在人际关系中超越公平的道德观念，付出更多。

◉ 我们根据自己独特的才能、能力或天赋去给予、付出。慢慢地，我们就会更深刻地了解我们的才能、能力或天赋。但如果别人没有收到我们的礼物，我们就什么都不是。如果没有其他音乐家传授技巧，没有观众给予关注，莫扎特就不会成为莫扎特。

◉ 在个体利益、自我表达和团队利益之间取得平衡是领导者最具挑战性的任务之一。最好参照第三维度，也就是共同任务，来获取这种平衡。因为正是共同任务的价值使我们集合起来，团结统一。

◉ 团队成员应该了解什么时候需要表现出支持性和敏感性，什么时候需要表现出挑战性和强硬性。

◉ 建立成功的团队，你的态度比其他任何技能和技巧都重要。态度源于你的价值观。探究你的价值观，保持良好的价值观。

◉ 当一个团队运行完美时，人们会发挥各自的优势，掩盖对方的弱点。

让我们为自己的个性而欢欣鼓舞，但是请记住，我们发展个性是为了造福他人。

06

团队生活中的三个关联需求

真理的语言是简单的。

——德国谚语

中国谚语有云：一图胜千言。在这章中，我想借助一张图片（三环模型）把前面五章串联起来。

在我以前关于领导力的书中，我提出了关于工作团队和组织的一般性理论。这不是这一领域内唯一的一般性理论。作为领导能力培训的基础，我提出的理论被证明是卓有成效的。目前已有超过100万名管理人员完成了基于这个理论的课程培训。

这个理论基于所有群体都是由个体组成这一命题。艾德礼勋爵（Lord Attlee）在谈到英国内阁时，提出"团队人格"这个概念。我认为即使处于同一组织的团队，也会在"团队人格"形成一段时间之后继续发展。因此，在一个团队中起作用的因素可能在另一个团队中不起作用。但是团队会有一些共同的需求。在本章中，我们将探讨这些需求及其对团队和领导者的影响。

■ 团队生活中存在哪些需求

团队的需求可以总结如下：

任 务	完成某件事的需求——建造一座房子，唱一首歌，确定一个预算，计划一个会议，解决一个问题，爬山。团队的需求在于完成这项任务。只要这项任务还没有被完成，团队中就会有紧张局势，成员就会受到驱使去完成任务。任务可以是团队正在讨论的某项工作或正在进行的某项工作。我们看待任务时，是"对事不对人"的
团 队	发展并维持团队成员之间工作关系的需求。对这种关系的维持和发展可以让团队完成任务。这可以被称作团队维护的需求。维护主要是指维持人与人之间的关系。这事关人们在完成团队任务时如何互相联系。例如，如果成员之间不互相倾听，不接受彼此的建议，那么团队想要完成任务将变得非常困难，甚至不可能。然而，我们常常忽略团队的维护。如果没有维修、加油和其他养护，喷气式客机队又能运行多久？

（续表）

个 体	个体的需求伴随他们一起进入团队。人们在团队中工作不仅是因为对要完成的任务感兴趣，还因为团队的成员资格满足了他们各种各样的需求。人们工作的首要原因是什么？是因为他们饿，他们渴，他们需要有地方睡觉。即便在今天，当我们用金钱作为交换手段时，我们的大部分工资都被用来满足这些基本需求。当你有了足够的食物和水，有了一所房子，其他的需求就会在你心中升起。你开始对养老金、工作保障和工作安全感兴趣。如果良好的工资政策和福利满足了这些安全需求，人们也不会马上转变说："谢谢，我们现在完全满足了。"相反，他们会发现自己内心涌起其他方面的需求：职业生活中的高质量人际关系，来自他人的尊重和自尊，之后是"自我实现"的需求，即通过成长来实现自己的潜力。生理的满足感和安全感更加强烈和根深蒂固，如果它们受到威胁，我们就会跳回去保护它们。自尊、他人的尊重和自我实现这些需求较弱，却是人类所特有的。如果这些需求能够与团队任务和维护需求一起得到满足，而不以牺牲团队需求为代价，那么，这样的团队会更加高效

　　从"需求三环"的图中，我们可以看到三个环的重合。如果你完成了共同任务，效果就会体现在"团队"这一环，有助于建立一种团结感，同样这也会对"个体"这一环产生影响。事实上，这个图本身就形成一种闭环。例如，如果

你有一个好的团队，你就更有可能完成任务。如果个体充分参与、十分积极，那么他们会对"任务"和"团队"贡献更多。相反，如果有一个黑色的环完全遮住了"任务"这一环，这代表"任务"的彻底失败。然后，你在"团队"这一环也会失去重要阵地，在"个体"这一环也会损失。同样，如果黑色遮住了"团队维护"，那团队凝聚力的缺乏也将影响其他两环。

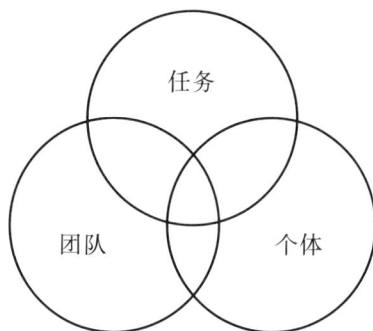

需求三环

需求与领导力职能

为了满足任务需求和团队维护需求，有一些职能需要被履行。职能体现在你的行动中，不是你的固有品质或特性。

在第四章中，我列出了本尼和希茨在20世纪40年代末引入的"角色"或"职能"的概念。群体动力学训练实验室的观察员在很久之前就发现了"角色"或"职能"。此外，我们发现很难同时使用两种不同的形式。因此，人们为编制出一份综合清单做出了各种努力。

有一种分类是吉布（Gibb）等学者在《应用群体动力学》（*Applied Group Dynamics*）中提出的。这种分类对我的影响很大。他们提出了五大类领导职能：

发 起	让团队行动起来（例如，对行动步骤提出建议、指出目标、提出程序、进行澄清）
规 范	影响团队工作的方向和节奏（例如总结、提出时间限制、重申目标）
告 知	向团队传达信息和意见
支 持	创造一种将团队团结在一起的情绪氛围，使成员能够轻松地为工作做出贡献（例如，协调、缓解紧张，表达团队情感，鼓励）
评 估	帮助团队评估其决策、目标或程序（例如，检查共识、记录团队流程）

一个团队要完成任务并保持凝聚力，就需要这五种职能。在团队的早期工作中，"发起"这个职能非常重要。之后，随着解决方案的提出，"告知"和"规范"这两个职能可能会显得更加重要。"支持"这一职能从头到尾都发挥作

用。随着团队工作接近尾声，"评估"职能变得特别重要。在需要的时刻，各职能都能发挥作用，那么团队的整体工作就会很高效。团队的效率取决于各职能发挥作用的程度。

▌一些启示

为了达到有效性和满意度，团队中存在的三种需求迟早都必须得到一定程度的满足。当所需的职能缺失时，团队进度就会变得缓慢且不均衡。

这并不意味着在每一个时刻，注意力和精力都需要平均地被分配于三种需求。在一段时间内，分配给其中一种需求的团队注意力和精力都可能会有很大的波动。分配给每种需求的精力的多少需要成员做出正确诊断。成员要有能力诊断出在每一时刻，最亟须满足的是哪种需求。同时，这也取决于成员满足这一需求的能力。

一种职能的履行可能同时有助于满足两种甚至三种需求。

大多数人通常倾向于履行某一职能，比如，有的人长久以来充当总结者的角色。因此，我们在描述团队生活时倾向于使用"角色"一词。但大部分人至少有潜力履行一种以上的职能。

■ 关键点：团队生活中的三个关联需求

◉ 要记住"三环模型"中描述的"需求三环"。这是一张简单的工作团队生活示意图。当一个团队陷入困境时，一定是缺失了某种需要的"职能"。找到这种缺失的"职能"，然后，履行这种职能或鼓励其他人履行它。

◉ 通过培训（包括观察和实践），你可以有效地履行一系列的成员职能。

◉ 技巧是你能够熟练掌握的技能。在工作团队中，它包括知道说什么做什么、什么时候做、如何做。

◉ 判断你参与团队工作时的熟练程度，主要依据是你的参与对团队的影响，而不是你自己的意图。

获得技能就是学习如何让你的行为和你的意图保持一致。

07

团队进程

在人际关系中，
非个人因素必然出现，
也必然处于从属位置。
——约翰·麦克姆雷（John MacMurray，英国哲学家）

你可能还记得，进程事关一个工作团队的潜在的运行方式。再次重申之前讲过的一点，它与团队维护不一样。在这一章和下一章中，我将总结出更多与团队工作相关的团队进程的经验教训。

为了涵盖进程这个相当模糊的概念，我选择了三个例子：对权威的回应、对挫折的回应和决策程序。显然，它们之间没有直接的联系。然而，综合起来，它们可以引导我们进一步了解团队中发生的事情。

在每一节中，你应该记住这些想法的群体动力学来源。我之所以选择这些特殊的团队进程的例子，是因为我在工作团队中经历过很多次这样的进程，并且发现心理学家在此方面的工作是具有启发性的，而不是迷惑性的。

■ 进　程

　　所有的团队都需要使用一些程序或者工作方式来完成任务。在正式的商务会议上，我们习惯了一套规则或程序。非正式团队通常使用不那么严格的程序。程序的选择直接影响到团队生活的其他方面，如氛围、参与度和凝聚力。根据情况和要做的工作选择合适的程序，这需要团队具有一定程度的灵活性和创造性。

核查表：团队进程
团队如何确定做法和议程？
团队如何做出决定？通过投票、默许或协商一致？
团队如何发现并利用其成员的资源？
如何协调不同成员的工作、次级小组的工作和各种活动？
团队如何评估其工作？

■ 决　策

团队进程围绕着决策的核心展开。如何做出决定？还是决定就这样自然而然产生了？这对团队来说是一个核心问题。

以布里斯托尔一个初级卫生保健小组的一组医生为例，这个团队由四名医生、地区护士和保健员组成。高级合伙人是位51岁的女性，其他医生均为男性，分别为29岁、32岁和35岁。在一次会议上，年轻的医生们提议，如果团队成员在团队实践问题上产生分歧，应该通过投票做出决定。高级合伙人坚决主张，应该通过协商达成一致，从而做出决定。你认为她这样做是对的吗？

有的决策是通过多种方法达成的，有的不是，这需要视情况而定。团队进程有以下几种方式：

漠不关心	人们对团队运作没有兴趣或毫不关心。也就是说，人们不以默契来决策
石沉大海	某个人提出决议，没有人回应。这种情况通常发生于如下几种情形中：面临很多问题的新团队；成员在团队中地位十分平等；某一个成员十分强势；某一个成员在表达想法时有困难

（续表）

自我授权型决定	自认为有决策权的人做出决定。当这样一个决定被做出时，团队成员通常发现接受比拒绝更容易，尽管有些人可能不同意。因此，这一决定被默认
配 对	两个成员共同做出决定。这种"结盟"有时出现得太突然，以至于让小组中的其他成员措手不及，同时也给他们带来了另一个问题（如何同时应付这两个人）
话题跳跃	不合时宜地引入另一个话题，导致决策中断。话题跳跃混淆了团队所面临的问题，从而改变了决策的性质
小团体	团队几个成员预先商定做出决定。几乎每个团队都有派系，他们预先商定的决定可能非常好。但这种派系的合谋可能会破坏团队凝聚力和信任感
少数人意见	通过某种形式的投票做出决定。传统的投票程序似乎往往是在特定情况下做出决定的唯一途径。尽管决定是通过投票做出的，但少数人可能仍然反对这项决定，这些人不太可能依据决定而采取相应行动
有人不同意吗?	压力之下做出决定。当面对这样一个问题时，一些真正强烈反对或没有机会就这个问题发表意见的人，在没有明显支持的情况下，可能会非常不愿意对决定表达反对意见

　　注意，"决策达成方式"图表中包括"真正的共识"和"虚假的共识"。在后一种情况下，每个人似乎都同意，但

当就决定采取行动时，每个成员似乎都对决定持不同的看法，或有所保留、不去执行。一些成员可能在一开始的时候只是假装同意，希望决定会被遗忘，或者希望决定随后会被改变。

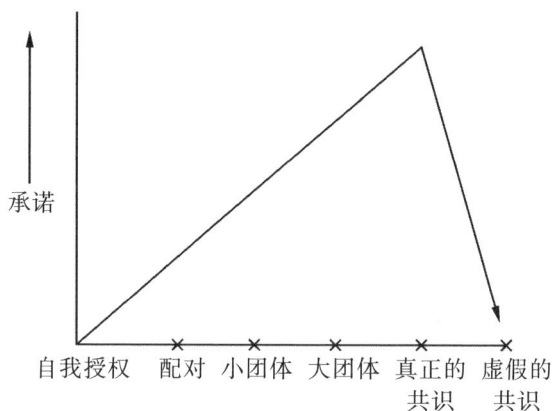

决策达成方式

尽管我们常常渴望达成真正的共识，但它并不是总能达成的。达成真正的共识可能是非常耗时的一件事情。当沟通的渠道足够开放，以至于每个人都感觉到他们有公平表达的机会来影响决策，不需投票都会产生共鸣时，真正的共识就会达成。请记住以下定义：

> 团队对备选方案进行了彻底的讨论，并且每个人都认可在特定情况下，需要采取某种特定的解决方案，即

便这个方案不是每个人的首选解决方案。

最好的检验方式就是：每个人都准备好依据这个解决方案来采取行动，就如同这个方案是他们的初衷一样。

对权威的回应

在团队生活中，不是所有的进程都与决策或处理共同目标有关。在团队进程这一大类目下，我们可以看到团队生活中反复出现的两种模式：对领导者权威的不同回应，以及在团队遇到困难时，退缩或"逃跑"的倾向。

T团队的教员要求团队展现出团队该有的样子，之后，教员就开始袖手旁观，让团队成员自行发展。

这种行为，显然是完全放弃了领导角色，会在群体中引发一些反应。这些反应随时间推移是可以预见的。尽管我们刚刚谈的是T团队的特定情况，但这些事情对于我们所有人来说，都有潜在的发生的可能性。我们在日常生活中的某些情况下都会经历这些事情。比如，在家庭生活中，孩子的角色和父母的角色。

依　赖	成员期待他人告知他们该做些什么。他们完全依赖"权威人物"，离开"权威人物"，就会感到迷失
叛　逆	成员反抗权威，尤其是领导者。他们反对任何企图阻碍他们自由的行为。"你有什么权利来告诉我该做些什么？"

我们小时候，对父母和老师都有过依赖和叛逆的阶段，这些阶段都平稳度过了。有的成年人对当权者会怀有这样的潜在的态度。

在处理叛逆时，必须首先意识到，这些敌对、沮丧的情绪并不是针对你个人的。这些情绪往往是强势父母或专制教师在一个人的精神中遗留下的副产物。在帮助别人摆脱这种叛逆时，你不应该炫耀你的权威；你的合法权威应该来源于你的知识和个性。

为摆脱这两种状态（叛逆可能是依赖的反面），我们必须经历独立的阶段。独立的人既不依赖领导，也不反抗领导。"独立"这个形容词带有"自治"和"自由"的良好含义。

独立也可能意味着"我与你再无瓜葛"。在这种情况下，人们试图隔断与令人不快的权威之间的联系，可能需要使用武力或逃跑来达到这一目的。如果权威势力试图对你进行严格控制或独裁统治，隔断与他们之间的联系是很有必要的。在其他情况下，独立是成长的自然阶段。

然而，这不是"故事"的全部。因为第二种意义上的独立违背了互惠的基本原则：我们在给予和接受的基本过程中获得生命的意义。我们奋斗的自然终点是互相依存，是自由和平等的人们之间的社交商务，人们认为他们的技能、天性和需求是互补的。

■ 争斗与逃离

当面临问题，尤其是危险性问题时，人们要么坚守阵地、抗争到底，要么逃离。这种行为可以被分类如下：

斗争并占优势	不同意；维护个人支配地位；对压力的来源展开攻击。例如，责备他人（归咎于个人、团队、机构或想法）是很常见的
斗争并撤退	远离讨论；做白日梦；生闷气；身体或心理上逃脱
配 对	在配对的过程中，个体会需求其他个体的安慰，以缓解其焦虑或不适感

但有时整个团队可能都会采取战斗姿态。毫无疑问，你很容易能注意到那些好战的团队。然而，团队成员在心理上逃离危险是不太容易发现的。

你可能会注意到一些"症状"，包括更高程度的人为表演或"嬉戏"。做作的幽默和笑话往往是紧张的症状，因为笑是一种疏导的方法。这就是为什么团队经常嘲笑那些不太好笑的笑话或评论。

当谈论的焦点由特定问题变为一般问题，并停留在那里时，这就是一种有趣的逃离。例如，团队成员不讨论团队中杰克领导力不足的核心问题，却泛泛地讨论当今领导力的一些普遍问题。

当然，使用普遍或理论术语来讨论问题未必都是在逃避问题。有的时候，人们讨论的目的在于以一种理智的方式探索这些领域。但你应该能够判断，人们在何时开始逃避现实具体问题，转向了一般性或抽象性的讨论。我们应该关注并妥善处理这种精神上对现实问题的逃避，它会影响到所有地方的所有团队。

防御机制

潜入抽象或一般的话题在很大程度上是无意识的群体反应。尽管有的时候，一个狡猾的成员在不想做出决定时，也会刻意操纵讨论的方向。但是个体们会对焦虑的情境产生无意识的反应。他们中的一些人在心理上已经形成了这种习惯。这些有时可以用来解释一个人的行为或反应方式。

团队会有所谓的防御机制。在西格蒙德·弗洛伊德（Sigmund Freud）的研究中，最有用的成果之一就是对这些防御机制的识别辨认。他认为，防御机制被个人用来减少或克服焦虑。防御机制的概念化为人类群体行为提供了一些新的见解，见后文描述。

如果你是一个领导者或管理者，只具备业余心理学家的水平是不明智的，因为浅尝辄止的学习是有风险的。弗洛伊德的分类有时能揭示人际关系中个体的思维过程或行为。也许，成立时间较长的团队会发展出自己的防御机制。成员可能会转移压力、压抑自我、过度反应、投射和固化为执念。换句话说，这些可以是群体现象，也可以是个体现象。一如既往，自由的代价是永远保持警觉。

转 移	比如，某团队成员对自己的老板感到生气时，会把这种恼怒转移到自己的小团队中，去惩罚自己的团队成员或其他人
压 抑	不可接受的欲望或冲动被排除在意识之外，例如，一个人刻意遗忘或压抑不愉快的经历
退 化	回到早期的精神或行为水平，例如，一个成年人以孩子气的方式行事
过度反应	比如，变得过分官僚主义或循规蹈矩

（续表）

投　射	把主观的行为或想法外化或客观化，例如，把自己的思想或愿望投射到别人身上
固　化	形成一种不健康的、执迷不悟的执念，例如，对一个假想敌的持续关注
高尚化	将冲动的能量从其原始的目标引向道德或文化上更高的目标。例如，一个天生好斗的人成为进攻型的曲棍球中锋

■ 关键点：团队进程

◉ 通过观察实践，以本书为指导，你应该能够区分团队讨论的内容和团队生活的进程。透过事物的表面，问问自己"这里发生了什么"。

◉ 决策受到团队进程或个人进程的影响，这些进程不是一开始就非常外显的。充分理解来自这些进程的压力并考虑到它们的影响有助于我们做出更好的决定。自我意识是关键。

◉ 一般来说，对权威的态度（依赖或反抗）会影响团队成员对你的领导力的反应。保持冷静。引导自己，创造便利条件，从而让团队中的每一个成员更加互相依赖：成员和你相互依存，成员之间也相互依存。

● 逃避现实进入梦境或幻想有时并不是坏事——我们都会这样做。但一个从"此时此地"逃到抽象世界的团队，在无休止的心理干扰下，是不太可能成为一个高效团队的。

● 共识是决策中的一个有价值的目标。如果成员之间彼此很了解，愿意分享价值观，可以一起讨论，达成共识是肯定的。但是，如果这些因素不存在，领导者就不一定总能在团队中达成共识。

通过了解团队中发生的事情，你可以学习顺着其"纹路"治理团队，而不总是逆着其"纹路"治理。

第二部分

建立和维持高绩效团队

一家制鞋厂的生产主管迈克尔·迪克斯（Michael Dix）说："在我的工厂里，有四个人是'巨轮的中轴'。问题是，组织结构让他们看起来像挂在树上的四个孤立的苹果。工作安排表并没有要求他们必须是一个团队，但工厂业务需要他们如此。他们之间会相互影响。如果他们不能进行团队协作，那我非常清楚这会对我们微薄的利润率造成什么影响。"他指的是原材料采购员、生产计划员、市场预测员和分销经理。

　　各行各业皆是如此。注册会计师审计团队、现场项目组、电影摄制组、手术室团队都需要有才华的独立专家，而这些专家需要具备团队合作的意愿和能力。

　　在瞬息万变的世界中，尤其需要这种合作。在当今世界，董事会或业务层面的常设小组，或管理事务等职能领域的常设小组和矩阵型组织中的多个临时工作小组互为补充。合作可以让你能够灵活应对变化；可以激发组织内的创造力和生产力。工作团队不断形成、解散和变革。这样的矩阵型组织如何以团队的形式运转呢？你如何使自己具备必要的团队建设技能呢？第二部分旨在帮助你回答这些问题。

　　在一组人之间建立一定程度的团队合作是相对容易的，而发展一个高绩效的团队是无限困难的。在第二部分中，我们将探索这些建立和维持高绩效团队的因素。

一个组织（如足球队）一段时间内能取得优异成绩并非偶然。第一部分讲到的团队的各种属性（沟通、决策、凝聚力、士气、氛围、标准、程序）都可以在高绩效团队中找到，但是程度不同。一般的工作团队和特别优秀的工作团队就如同两匹马：它们都有肌肉、腿、肺和其他器官。但一匹是当地马厩里的普通骑乘马，另一匹是三次全国比赛的冠军。两匹马为何不同呢？

从工作小组到团队的转化，从普通团队到高绩效团队的转化，我们需要特别关注三个重要因素：领导力，成员资格以及合作的普遍方法或策略。团队需要好的领导者，而高绩效团队需要非常好的领导者。在此语境下，我们所说的"好"或"非常好"是什么意思呢？这个等级量表是什么样的？在我的"高效领导力"系列著作中，我介绍了"行好事的好领导"和"好领导"之间的差别。例如，在某种意义上，希特勒是一个"好领导"，因为他可以激励人们追随他。但他是一个典型的错误引导者，引导人们走向错误的方向。我认为，领导者想要达到的最终目的应该是正向的，还要拥有恰当的技能来实现高效领导。

顺便说一下，同样的区别也适用于团队。毫无疑问，在第二次世界大战中，那些负责在集中营消灭数百万犹太人的士兵们具有很好的团队精神，但他们合作努力的目的是彻底邪恶的。

再继续说一下这个话题，就我个人而言，我不认为这两个词的意思能完全分离。我的理由可以在本书第五章对于个体概念的描述中找到。

作为人类，如果我们真的在本质上是有道德的，那我们就不会一直服务于不道德的目标。现实结构作用于我们，也许缓慢却常常不可逆。从长远来看，坏的领导者（坏的团队）将无法生存。

在高绩效团队，领导者的个人素质和他们在任务及其他团队活动中体现出的职能技巧互为补充。他们不但为团队指明方向、缔造团队，他们还会给团队带来微妙的灵感。

激励他人的能力是优秀领导者普遍具备的。当小组或组织在困难或不利的情况下工作，成员士气低落时，这种激励的能力显得尤为重要。希特勒可以凭直觉判断出哪些人具备这种领导能力，无疑是因为他自己就拥有这种能力。1941年，在决定任命隆美尔（Rommel）指挥非洲军团时，他说：

> 我选隆美尔是因为隆美尔知道如何激励他的军队。这支军队需要在特别恶劣的天气条件下作战，比如在北非作战。因此，这支军队的指挥官必须善于激励。

如果我们问，"为什么一个非常普通的团队或组织，会成为一个高绩效的团队或优秀的组织呢"，答案往往是，团队成员受到了某个特定领导者的远见、热情和干劲的鼓舞，由此提高了自己的视野和标准。因此，高效的团队建设和高效的领导是不可能分离的。

过分强调领导者，似乎削弱了成员的作用。通常来讲，和领导者相对的角色是追随者。我们并不羞于成为杰出领袖的追随者（犹太人、基督教徒和穆斯林都是摩西、耶稣和先知穆罕默德的门徒或追随者）。但是，在工业的背景下，"追随者"对于一些人来说是不合适的形象。"团队成员"这个称呼听起来更积极。

成员资格是高效团队合作的第二个要素，最好通过角色的概念来实现。早期关于群体中角色的理论大多聚焦在人们在群体中承担的琐碎角色上，或聚焦在人们被群体成员指派的角色上，比如，"百事通"或者"父亲形象"。或者角色可以是特定职能的化身（正如我们在第四章的本尼－希茨列表里所看到的）。

在团队中，我们有两种积极角色，我们可以是领导者，也可以是团队成员。从提供任务、团队和个人职能的意义上讲，我们必须摒弃领导力是一块"蛋糕"的想法，不能认为领导者分享得越多，成员得到的蛋糕就越少。一家电子工程公司的首席执行官是一名非常优秀的领导者，他对我说："当我开始分享权利时，我有了最大的权力。"

团队成员的角色，与领导者的角色是互补的，而不是对立的，二者是同样积极的。这是一个新颖的想法。它的主要内容是什么？在一个高绩效团队中，除了重要的专家角色外，团队成员的一般角色包括能够完成任务的人、建立和维护团队的人、发展或鼓励他人的人。在一个低级别的团队中，一个特定的个人可能只擅长其中的一个或两个职能，比如有人只会评估或总结。因此我们更倾向于给这些职能贴上"角色"标签并将这些职能人格化。这样的团队中的成员缺乏真正优秀团队中的成员所应具备的复合能力和灵活性。

因为在一个高生产力的团队中，成员能力强，可以履行多种职能。他们非常灵活，不会把自己或他人置于"角色"所定义的束缚之中。

这样的团队中的领导层和成员具有非常大的相似性。对此，我们不会感到意外。此外，这也是一种有利条件，因为管理者在一种情况下是领导者，在另一种情况下又是团队成员（下属和同事）。用隐喻的方式来讲，这种对于角色的理解可以让领导者和成员"交换帽子"，而不破坏结构。

领导者和团队成员在角色上的不同之处在于，后者比领导者更有可能在"技术"或"专业"层面承担特殊责任。领导者和成员的角色并不存在于真空中。他们总是与其他角色结合在一起。领导者也是经理、医生、部门主管、指挥官、主教等。同样，团队成员可以是计算机专家、麻醉师、招生导师、信号员或副主教，在团队环境中，他/她在技术/专业角色上的贡献将超过领导者。在某种意义上，领导者的角色是确保团队中的其他人都有效地履行他们的职责。

对于领导者和成员来说，想要融合在一起，在他们的领域做出卓越的业绩，还有一个要素是必要的，即共同的做事方法或策略。足球队需要反复训练技能；一流的演唱会离不开有能力的鼓舞人心的指挥家和杰出的乐器演奏家之间的配合，也离不开像莫扎特的《第21交响曲》那样的好乐谱。

这个类比在一定程度上会失效。这是因为在工业界，与莫扎特作品相当的计划通常是团队成员自己制订或实施的。这就相当于作曲家或作家，还有演员，都参与写脚本。但是他们需要一些草图，一些参考框架。这些草图和参考框架帮助他们阐释自己所做的事情，并提供故障诊断方法。一个更好的类比是科学研究实验室。在实验室中，科学家和技术人员从事不同的活动，但都采用科学的方法。科学的方法是测试和记录科学发现的一个体系，它可以被描述，在某种程度上可以被分解为各个组成部分。

在团队合作中，没有一种方法能与科学方法相媲美。但我认为，将三环模型（需求三领域）与决策、解决问题及创新思维框架结合起来，我们就可以达到科学方法的最低要求。即使不是乐谱本身，这些组成部分也代表了演绎音乐的方式。

领导者、成员和共享进程这些要素是第二部分各章的主题。

08

团　队

什么是团队？什么构成了好团队？这些都是简单的问题，我们总认为我们知道这些问题的答案，直到有人问到我们，我们才发现自己并不知道。

"团队"（team）这个词并未被精准定义过，有时它被用作"组群"（group）的同义词。但严格地说，英语中没有同义词。"团队"和"组群"这两个词可以被区分开。或者，借用伯纳德·巴宾顿·史密斯（Bernard Babington Smith）在《小组训练》（*Training in Small Groups*）中的定义，"团队"指的是：

> 有共同目标的人组成的一个群体，每个成员的工作和技能都与其他人的工作和技能相契合。用一个机械

的、静态的类比来描述，就如同在一副拼图中，每块拼图拼凑在一起，没有变形，并一起构成了一幅完整的图案。

这个定义中有两个部分：共同任务和互补贡献。它们是团队概念的核心。一个高效的团队可以用最有效的方式实现其目标，然后在有需要的时候，准备好承担更具挑战性的任务。

共同目标

不管是潜在的领导者还是成员，首先你要问自己的是："是否需要一个团队？这项任务是否需要一群人共同的、互补的努力？"这些问题又进一步引发了其他问题："一开始的时候，为什么会有团队出现？什么样的任务需要团队合作？"

通常，一个团队之所以会产生，是因为一个人发现在规定的时间内完成某项工作对他/她来说过于艰巨。你可以用电动割草机为一个板球场割草，但如果你有一个助手，帮助你在盛草箱被填满时把它拿走倒掉，那你就可以在更短的时间内完成这项工作。

当然，你也可以有两个、三个或者四个人来帮助你。在这个过程中，发起者（后面很有可能是领导）需要了解成员，了解他们的能力和特点。最初，当他们走到一起时，他/她将成为中心人物，了解每个成员，成员也了解他/她。但是，成员之间并不互相了解。仅此一点，领导就可以居于统领地位。如果他/她还会给成员提供报酬，那么这个统领地位将更为牢靠。

共同工作

任务的性质	意　义
可以由一个人完成，但是时间不够	几个人一起做同样的工作会在指定时间内完成任务。比如，在下午之前，需要将500封信件写明地址、装入信封、盖章并寄出。每个人都知道该做些什么并能独立完成
所需的努力或力量不是一个人所具备的，例如，卡车撞到了人，需要把卡车从被撞倒的人身上抬走	一群人必须合作。成员之间需要一定程度的协作
几个不同的操作需要同时进行或协同进行，例如一个管弦乐队	在这里，可能需要操作人员以外的人来组织和协调，例如指挥

伯纳德·巴宾顿·史密斯建议，需要团队合作的任务
（需要多人的共同努力）可以被分为上面"共同工作"表格
中所列出的几类。

因此，最重要的是，我们需要知道某个特定任务的完
成是否需要互为补充的共同努力和团队合作。一个班级里共
同学习算术的学生是一群个体，而不是一个团队。当然，如
果他们是在完成一个历史项目、制作一部戏剧或打一场曲棍
球，他们将不得不以团队的形式展开合作。在第一种情况
下，工作小组是个人工作的背景；在其他情况下，工作小组
是取得成就的工具。

然而，在所有这些情况下，合作或共同努力的原则都取
得了成功。正如荷马所写，"当许多人分担辛劳时，工作就
变得轻松了"。但并不是所有的团队都符合 M. 奥盖尔（M.
Argyle）在《工作的社会心理学》（*The social Psychology
of Work*）中对团队提出的以下定义：

> 团队是为执行联合任务而合作的一群人。他们可
> 能被分配到不同的工作岗位，或者自己进行工作岗位分
> 配，并且在他们愿意的时候更换工作。例如，全体船
> 员、全体机组成员、研究小组、维修小组和矿工小组。

▌专家和团队

约瑟芬·克莱因（Josephine Klein）在《群体研究》（*The Study of Groups*）一书中，用第一章来讲小组任务的执行。她试图更准确地描述在什么情况下组建一个小组是值得的。

她首先假设，一个团队的成员在力量和技能上是平等的，他们执行的任务非常简单。如果有人使劲拉绳子，另一个人的加入会增加群体的力量，但会降低成员的平均贡献。你不能通过叠加单个成员的"力量"来计算团队的"总力量"。每个人的贡献都是微不足道的。

克莱因引用了更多的研究，指出成员之间的这种互动可能会对一些人的总产出产生不利影响。只有当任务简单、目标对成员来说非常重要，并且小组持续时间短、不需要考虑成员情绪时，这些缺点才会凸显。如果这些条件不存在，与他人的互动将为任务的完成提供积极的支持，或有助于弥补其缺陷。

因此，克莱因总结说，在任务简单、成员力量相等的情况下，如果成员之间没有互动，任务将更有效地完成。当然，如果成员是由一个"主办人"组织在一起的，都和"主办人"产生互动，并且"主办人"制订最终解决方案时，情况会有所不同。

克莱因接下来指出，成员的技能掌握程度不尽相同。有一些研究表明，团队成员间的互动会帮助技能相对较差的成员解决问题，因为他们会获得来自技能强的或知识多的成员的帮助。专家会制订一个有利于整个团队的解决方案，当然前提是针对某个问题，专家提出的解决方案被认可为正确的。如果做不到这一点，那么该团队可能花费很长时间去讨论不同解决方案的优点。

在这种情况下，专家的困境现在变得更加清楚了。这时，团队可能无法让专家发挥他最佳的能力。如果他是对的，但其他人并没有认为他是明显正确的，那么他在试图说服其他人时就会退缩。如果他显然是对的，团队会接受他的判断。但是之后，你可能会问，为什么一开始我们还需要一个团队呢？很可能是因为专家的决定需要其他人来执行，如果他们参与了决策或解决问题，他们会感到更加投入。克莱因总结道："因此，如果专家要在其他成员技能不如他的团队中发挥作用，他必须同时具备人际技能和专业领域技能。"

此外，在团队中工作的专家确实可以将自己的想法与团队中其他人的想法进行比较，这保证了专家不会执着于一个可能已经不再适用的想法。因为团队成员的意见会让专家重新退回去思考，将问题视为一个整体重新去审视。即使是未经培训的成员提出的问题，也可能会帮助专家从一种狭隘而徒劳无益的想法中解脱出来。这时，一个好的领导者会组织成员小组讨论，促使各种建议的生成并测验不同的想法，从而起到帮助作用。以下是针对委员会领导者或讨论小组领导者的一些指导方针。

核查表：委员会领导者或讨论小组领导者的指南

你是否了解问题或决策需要；是否已经评估了现有信息，并已经请成员发表了意见或贡献了自己的想法？

你是否辨别出了关键问题？当成员就关键问题产生分歧之时，你是否试着引导他们达成一致？

在商定的目标或政策清单中，你是否评估成员现有的贡献或建议的价值？

你是否鼓励委员会考虑其他选择？

你能把大问题分解成可处理的部分并系统地处理吗？

你确定委员会真的权衡了可行方案的利弊吗？

作为议事规则的监护人，你是否坚定而灵活地解读了这些规则？

最后，如果一个任务非常复杂，你需要不止一个专家来解决它，问题可以被分解为若干个小问题，并且这些小问题需要按照顺序或者同时被解决。这时，可以由若干专家来解决这些小问题。在这种情况下，你实际上需要一系列的小专家，而不是一个大专家。成员可以做出三种贡献：正确的建

议、正确的批评或"触发"建议（本身不正确，但可以引起他人正确的回应）。

很明显，我们已经跨过了团队合作的门槛。每个成员在某个方面都是专家。每个成员都有一项特殊的技能来为任务做出贡献，还可以执行一些有用的职能，例如，提出与自己专长领域无关的"触发"建议。

巴宾顿·史密斯和克莱因都提醒我们要注意：（1）不要认为所有的任务都需要团队协作，其实有的任务最好是由个人单独完成；（2）不要认为所有的小组都是团队。比如，委员会就和团队不同，虽然委员会也是由受规则约束的一群人为完成任务而组成的。

团队不会像个人那样思考或创造新的想法。个体成员思考和创造，团队接受、修改、拓展或拒绝这种思考。从这个意义上说，团队确实会做出决定。团队可能会推进并鼓励某想法，但不会创造新想法。正如汤姆·道格拉斯在《基本小组工作》（*Basic Group work*）中所总结的那样：

> 个体独立完成某任务可能更高效，并不是孤立完成，而是在人类"创造性"的行为领域内独立地完成任务。据我所知，没有人曾作为一个群体的一员创造过任何有价值的东西，除了他们可能会受到一些和群体相关的因素的影响，例如支持、反思和思想交流。因此，没

有一位画家作为群体一员在群体中创作出一幅有价值的画。当然，也有很多集体创作的例子，比如学生在大师的指导下创作，鲁本斯（Rubens）[1]就是一个例子。但是在这样的情况下，主要的天资和创造力来源于大师，而非学生。同样，没有一本书或一首音乐，没有一部戏剧，没有一部真正有创造力的作品可以由一个群体来完成。即便有，作品也是在群体中一个有创作力的个人的全面指导下完成的。

核查表：团队工作的要求

共同任务的起源和本质是什么？

任务是否需要团队协作？

对个体来说，独自成功地完成任务是否过于复杂？

为了成功完成任务，团队中是否必须有一个以上的专家或专业人士？

哪些专业技能或知识是必需的？

在团队工作的每一个阶段，是否有一位领导者能够将专家和非专家的贡献（如"触发建议"）结合起来？

这项任务是否是一项创造性的任务，是否最好由有天赋的人一起完成，同时又有机会与同事定期讨论？

成立一个委员会，而不是成立一个团队，是否更合适？

1　鲁本斯：荷兰著名画家。——译者注

08 团　队

▓ 按照顺序紧密协作的团队

> 问题：什么时候团队不再是团队？
> 回答：当成员分开时。
> 你同意吗？

到目前为止，我们认为团队是面对面的一群人为某项目而共同工作。但也有很多团队的成员，他们所做的工作是超出团队视线或听觉范围的。在这种情况下，团队合作仍在继续，至少在高绩效团队中是这样。

显然，这里的工作并不是像交响乐团演奏交响乐那样一起完成的。所有人需要按照某特定顺序工作：比如，只有砖匠砌完墙，泥匠才能开始他/她的工作；只有工匠铺完屋顶，砖瓦匠才能开始他/她的工作。一所完工的房子的质量取决于每个人是否都做好了自己的工作。如果他们中有一个人没做好，整个工程就毁了。因为房子的最终质量取决于每个人都有效地完成自己的工作，取决于每个人有效地利用自己的时间。

从这个顺序来看，几乎每个独立工作的人都是团队的一部分。一位有魄力的教师以建筑业为例，开发了一个有关工业团队合作的课程项目。项目的第二阶段为"缺失的部件和

117

缺失的人"，如下面的案例研究所示。

在学校教授团队合作

一位教师的报告说明了如何在课堂上教授现实而广泛的团队合作概念：

在这一阶段，我们观察到：拼图丢失小拼块，整个画面就会被破坏。我们讨论了各种机械仪器，以及个别零件的丢失会影响它们的正常运转，导致它们失灵。我鼓励孩子们画出他们喜欢的任何东西并故意少画一部分。然后，让其他同学来找一找哪里出了问题并谈一谈这种缺失会造成什么后果。

然后，我们讨论了团队以及团队中的每个成员如何相互依赖。孩子们往往想到他们在学校里参加的运动队。我试着让他们想想其他团队，特别是在工作环境中的团队。我邀请了一些人来谈他们的工作以及他们在团队中的角色：

1. 一名邮递员解释了在我们当地的任何一个邮箱寄信时，所有参与到投递工作中的人是如何分工的。

2. 一名电话工程师解释了负责安装电话、电缆、交换机以及设备维护的人员的分工。

3. 一名老师解释了如何把一所学校的工作人员视为一个团队的一部分。

4. 一名当地饼干厂的工人解释了生产一包饼干所需要的不同人员之间的分工。

在所有情况下，我都要求演讲者强调参与"他们的团队"的每个人的重要性，并解释团队中任何一个成员的缺失或行事不利如何影响目标的最终实现。

判断团队协作的有效性的方法是从客户的角度看待他们的表现。因为客户是唯一能够体会到团队工作是否有效的人。如果团队中的一个成员（链条中的一环）是薄弱的，这会抵消掉其他成员的付出。精心设计的列车可以让你安全准时到达目的地：门卫和检票员彬彬有礼；设计师、制造商、司机、门卫和检票员以及时刻表负责人、订票员、车站经理都做好了本职工作。但如果清洁工没有做好工作，导致列车很脏，乘客很可能因这一点形成非常糟糕的乘车体验。下次，他／她可能会选择乘飞机或长途汽车旅行。

全明星团队

厨子太多，做不好肉汤。链条的强度取决于最弱的一环。这听上去像陈词滥调，但确实中肯。

团队协作过程就像一个多级火箭，任何一个部件都可能失效，而每个部件的失效率决定了整个项目的失效率。

假设发射台上有一枚五级火箭。假设每级的可靠性为90%。火箭的最终可靠性就是59%（90%×90%×90%×90%×90%）。在每级可靠性为80%的五级火箭中，成功的概率就只有33%。这样还是算了吧。

如果一个过程中的连续阶段是相互依存的，则每个阶段的性能质量至关重要。让更多的人去帮忙未必会有帮助，素质必须过硬。你需要的是一支全明星团队。

——艾伦·辛普森（Alan Simpson）在加拿大《金融邮报》（*The Financial Post*）报道

谁在领导（激励、启发）一个分散的或连续的团队？管理者不能同时出现在所有地方。

从某种意义上说，每个成员都必须具备领导能力——他/她要能领导自己。这不仅意味着要能激励自己、开始工作，还意味着要持续下去。他/她需要"内化"自己的职业标准和团队标准。当身边没有人去驱使或催促他们时，他们仍然会坚持这些标准。

我们可以用艺术家来做个类比。艺术家的作品本身就印证了完整的含义：坚持自我之外的艺术标准。如果这幅画画得不好，或者这首诗没有写好，或者这首曲子的水平低于标准，真正的艺术家就会把它扔掉。他不需要别人来评价他的表现，他知道自己什么时候做得好。

这个类比还可以更进一步。一本书的作者就像一个"单独技艺"的实践者，他／她也可以被视作一个分散团队的成员，这个团队其他的一些成员还包括编辑、编索引的人、书籍设计师、图片研究员等。对于这些成员，作者是有可能遇到的。而这个团队中还有一些成员可能是作者永远也不会遇到的，比如，印刷工、销售员、仓库经理、书商。

大雁的启示

当每只鸟拍动翅膀时，它为后面的鸟创造了"升力"。通过 V 形编队飞行，鸟群的航程比单只鸟的航程增加了 71%。

当一只大雁掉出队形时，它会突然感觉到独自飞行的阻力。它会迅速回到队形中，利用前面那只鸟的"升力"。

当领头雁感到疲惫时，它会绕回到后面的队形中，另一只大雁会飞到领头的位置。

队形中的大雁会从后面鸣叫，鼓励前面的大雁保持速度。

当一只大雁生病、受伤或减速时，会有两只大雁从队形中出来，跟着受伤的大雁帮助它、保护它。它们一直陪着它直到它能飞起来或者死去。之后，它们会自己再出发，换一个队形，或者追赶雁群。

发展这种团队中的"成员感"对我们和他人来说都是完全有可能的，并且是非常可取的。它将个体经营者和组织中的个人贡献者从个人主义的"荒地"中拯救出来。

核心宗旨和目标

"领导"包括了方向的概念。因此，自我领导（分散团队的成员）要具有方向感。他们分享知识并致力于共同的任务，尽管他们没有面对面交流，或者甚至没有经常通过电话等保持联系。此外，他们对看不见的领导和同事有足够的信任和信心，知道他们也在按照商定的路线和公认的标准向前推进。

在这种情况下，仅仅知道目标是不够的。当人们与他们的管理者失去联系，并且出现了问题或障碍使得他们无法实现目标或迫使他们偏离计划时，他们会怎么做？

为了以适当的方式行使他们的主动权，分散团队中的每个成员都必须清楚自己的核心目标。核心目标就是对这个问题的回答：

团队为何存在？

或

它对更广泛的系统（即整个企业或组织）有什么特殊和具体的贡献？

这不同于在特定的点上定义目标。当然，了解团队的核心目标对所有团队来说都是非常重要的。因为这将成为团队思考自己的目标、结构、活动优先次序和资源分配的方向。这些领域的许多问题归根结底是由于对本组织的核心目标缺乏明确和一致的认识。

理想情况下，应该可以用一句话简洁地描述核心目标。并不是说任何一个措辞都是神圣而不可修改的，事实上，人们对目标进行简要定义时，应该经常改变措辞，以保持定义的新鲜和活力。

目标是一个中间术语，在长期的核心目标和短期的更具体的目标及优先事项之间架起桥梁。了解相关目标意味着你可以灵活发挥：如果通往最终目标的路线被堵死，你可以选择其他路线。如果你不了解目标，目标的缺失感会让你陷入盲目。你别无选择，只能去询问别人或等待新的命令。

关键点：团队

● 团队本质上是一个具有共同目标的群体，其成员的技术技能和个人能力是互补的。一个高绩效的团队拥有普通团队的所有性能，但各性能要优于普通团队。

◉ 高绩效团队往往具有明确、现实和具有挑战性的目标、共同的目标意识以及开放和信任的氛围。

◉ 他们充分利用自己的资源，不断积累经验（包括失败的经验），最终安然度过风暴。

◉ 每个成员既是专家又是有技能的团队成员。他们根据任务需求、团队维护需求和他人的需求履行各种职能。

◉ 团队是由一个领导者发起的。如果情况是这样，这个人需要将中心关注点从自己身上移开，努力将团队的协作变为中心关注点。

◉ 一个优秀团队的检验标准是：成员是否能在他们分开的时候也能作为一个团队去工作，为一系列的活动做出贡献，而不需要和其他成员同时在同一个地方出现。

一个人只有了解自己的弱点，才能忍受别人的弱点。

——日本谚语

09

领导者

雁无头，飞不齐。

——中国谚语

很多事情都取决于领导者的素质，即领导力。这引发了几个问题。首先，什么是领导力？你是否能讲得具体一点，以它为引子，设计一个自我完善的项目计划？其次，领导力与成员资格之间有何关系？所有履行职能的成员都是真正的领导者吗？最后，领导力是天生的，还是可以后天培养的？

讨论团队建设而不深入探讨团队领导者的个性和性格、知识和经验、能力和技能，这对我来说是一种毫无意义的实践。一个管弦乐队中可能有优秀的小提琴家和木管乐器演奏家，然后他们要演奏的是一首绝妙的乐曲。但如果指挥不是一个好的领导者，他们就不会演奏出伟大的音乐。领导力——伟大的领导力，是本章的主题。

■ 什么是领导力，什么不是

我们很多人仍然倾向于认为"领导者"意味着一个人支配另一个人或一群人。研究表明，专横的人不会被其他人选择或接受，除非在类似监狱这样的情境下。强健的体能或壮硕的体型、支配性的个性，或管理他人的权力欲望，这些都不是"什么是领导力"的答案。

商业界和其他领域一样，自由、有能力的人需要合作。高效的领导力建立在尊重和信任的基础上，而不是基于恐惧和屈服。尊重和信任有助于激发团队成员的全心投入；恐惧和屈服只会带来顺化。

领导力包括将一群人的努力集中在一个共同的目标上，并使他们能够作为一个团队一起工作。领导者应该以民主的方式来指示、管理成员。

领导者的职能不仅限于协调。他/她需要通过成员们彼此补充和彼此加强的努力，推进团队的进程，使之朝着特定的方向发展。他/她要提醒团队成员，让他们时刻记得为了共同目标而团结一致。领导者使各个部分成为一个整体。

帮派头目

音乐剧《西区故事》（*West Side Story*）是我们中许

多人对美国街头帮派世界的重要认识来源。1927年，威廉·F. 怀特（William F. Whyte）写了一本名叫《街角社会》（*Street Corner Society*）的书，讲述了在波士顿的一个意大利社区，帮派在贫困男孩生活中的作用，尤其是一个名为"诺顿"的帮派。成员们形成了一个很有共识和相当稳定的等级制度：不仅团队通常按照领导的建议行事，而且每个成员的行为都反映了他在权力结构中的地位。怀特认为，在团队活动的规划过程中，意见被逐级向上反映；当高层做出决定时，决定被逐级向下传达。这不仅仅是一个领导者告诉追随者该怎么做的情况，而且是一个更复杂的相邻等级之间的互动。怀特将领导者的角色描述如下：

领导者花在追随者身上的钱比追随者花在领导者身上的钱多。等级越往下走，这种经济关系越弱，领导者对追随者负的责任越少。领导者不把自己的责任放在那些地位低下的人身上。

领导者是组织的焦点。在他不在的情况下，团伙的成员被分成若干小组，没有共同的活动或一般的对话。当领导者出现时，他成为讨论的中心。追随者在讲话时，当他发现领导者没有在听，他会停顿，然后在领导者开始注意听时，再重新开始。

领导者在情况需要时会采取行动。他比他的追随者更足智多谋。过去的事件表明他的想法是正确的。这里

的"正确"指的是让成员满意。领导者非常善于独立
判断。

当他向他的手下做出承诺时，他会遵守承诺。追随
者们向他寻求建议和鼓励，他们对他的信任远超其他人。
因此，他比任何人都更了解这个团队的情况。

领导者会因公正而受到尊敬。虽然有些追随者可能
会有不愉快的情绪，但领导者不能对团队中的任何人怀
恨在心。他会有一些亲密的朋友（站在他身边的人），他
也会对一些成员漠不关心。但如果他要保持公正的名声，
就不能让个人意图凌驾于他的判断之上。

领导者不能将他的追随者当作一个没有区别的群体
来对待。他首先要和自己的副手沟通，来调动这个团队。

领导层的改变不是通过底层人的起义，而是通过高
层人与人之间关系的转变。当一个帮派分裂成两部分时，
我们可以从领导者和他的某个前副手之间的冲突中找到
事件的解释。

领导力的成果

好的领导力所产生的一个最大的成果就是好的团队。这

一原则在人类社会中是普遍适用的。对于那些为人类服务的其他生物，这一原则也是适用的。比如，对于狗群的研究显示：西伯利亚哈士奇犬群，只要有一条好的领头狗，就可以达到并保持大约每小时32.19千米的行进速度。如果你愿意的话，可以将这件事作为一个启发人类团队的寓言。

领导者的特点和成果是相关的。这些可以用如下图表显示：

特　点	成　果
调动热情 坚持自己的价值观，比如正直 以身作则 从追随者中培养优秀的领导 可以清楚认识到自己的行为和环境 满足工作需要的智力 了解团队需求和个人需求 信任他/她的追随者 能够在成员面前代表组织，在组织面前代表成员	人们有目的地忙碌，每个人都有判断优先顺序的依据 兴奋感。人们愿意承担风险，愿意承担更多工作。成就感 一致性。追随者知道领导者的价值观 受到追随者的信任 人们渴望以领导者为榜样 被领导者开始学会领导。领导者变得不那么不可或缺。人们得到委派、指导和支持 追随者感到他们为目标的达成做出了贡献，对目标非常投入

■ 你成为领导者的潜力

是的，有的人是天生的领导者，但这样的人非常稀少。大多数领导者，甚至是一些最成功的领导者，都既是天生的，又是后天培养的。我的意思是，他们生来就有很大的做领导者的潜力，他们发现了这种潜力并开始认真地发展这种潜力。他们认为，领导力的某些部分是一种可以学习、实践和完善的能力或技能。

并且，不是所有的领导者都是一个类型的。没有一种领导风格会束缚你的个性。"发挥领导力，就是做你自己"，陆军元帅斯利姆勋爵曾说。你不必非要外向或极度开朗。成功的领导者各不相同。他们都有自己的优势、个性和性格，但这些个体间差异很大。

因此，领导力重要的一面在于"了解自己"。了解自己的优势和劣势是展现最好的自己的关键一步。伪装自己、成为别人是没有好处的：迟早你的面具会掉下来。任何形式的虚伪都是成为领导者的大忌。当然，这并不意味着领导者从来不会去扮演某个角色。当他/她内心不够强大时，他/她可能不得不在表面上表现出自信和冷静、坚定和勇敢。但在这里，他/她是想表现出最好的自我，这个最好的自我在未来是可期的。因此，他们并不是在扮演别人。

在团队建设的背景下，了解自己的优势和劣势能确保你弥补自己的不足。选择和自己一模一样的人来一起工作，这是致命的。你应该有意识地选择那些在很大程度上具备你所不具备的力量、知识和经验的人。从这个意义上讲，谦逊是一种领导才能。

■ 领导力的关键

"成为领导意味着要有决心"，波兰团结运动创始人、波兰前总统莱赫·瓦文萨（Lech Walesa）写道，"这意味着对内对外、对自己和对他人都要坚决。"

领导的首要责任就是要定义目标。能够完成目标是对领导力的最终检验。直到你清楚地知道自己想要什么，你才能引导人们走向这个目标。当目标或任务不太容易被定义时，高效领导者会花一些时间来思考并把这些厘清。没有一个明确的目标，就没有团队合作。再说，谁会跟着一个不知道自己要去哪里的领导？

一旦小组的任务完成并被团队接受，就轮到个人了。他/她也需要一个明确的个人目标。当然，个人目标必须有助于总体目标，但个人也要确保，这个目标符合他/她的长处和技能。如果可能的话，应该和相关的人一起合作，让他们觉得这也是他们的个人目标。好的目标应该是：

◎ 可量化

◎ 有时限

◎ 现实的

◎ 有挑战性

◎ 获得一致同意的

确保每个人都知道并感觉到他/她负责的部分对于团队的整体任务十分重要。

"任务""团队""个体"这些要素构成了领导的核心责任。它们源自第六章已经描述过的团队生活的三个重叠领域，并在三环构成的"需求三领域"图中被描述出来。以下的图表就是基于此。

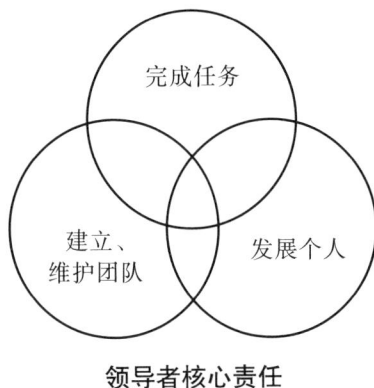

领导者核心责任

要实现"领导者核心责任"的三个循环，有一些关键职能必须被履行。这些是领导者的责任，但这并不意味着领导者会亲自去做。可以用多种方式对这些责任进行分担或委派。下面有一张列表，所列出的内容不是绝对的，因为多变的情况让我们无法列出一张绝对的列表。但是，此列表中的这些一般性职能通常是必需的。

计 划	寻找所有可用的信息；定义小组任务、目的或目标；制订一个可行的计划（在正确的决策框架内）
发 起	向小组汇报目标和计划；解释为什么需要目标或计划；将任务分配给小组成员；制定小组标准
控 制	保持团队标准；影响节奏；确保所有行动都朝着目标进行；保持讨论的相关性；促使团队采取行动/决策
支 持	表达对他人及其贡献的赞赏；鼓励团队/个人；约束团队/个人；创造团队精神；用幽默缓解紧张；调和分歧或委派他人去探究分歧
告 知	明确任务和计划；向小组提供新的信息，即让他们保持对情况的了解；接收小组提供的信息；清楚地总结建议和想法
评 估	检查想法的可行性；测试建议解决方案的结果；评估团队绩效；帮助团队根据标准评估自己的绩效

必须再次强调的是，并非所有这些职能都将由每一位领导人一直履行。在三人或四人以上的小组中，为了满足任务、团队和个人的要求，任何一个人都需要采取很多的行动。但领导者要对三个核心责任环负责。把这些职能进行整合就是他／她要做的事情。团队成员会特别地履行某项或某几项职能，领导者的职责在于要安排、确保他们这么做。他／她可能必须根据需要亲自做每一件事。他／她的职能范围将永远比任何其他成员要更广泛。

记住，你可以被任命为经理，但你还不是一个领导者，直到你的任命在你的下属心中得到认可。

为了高效地与人打交道，你必须花时间把他们当作个体去理解。你需要从共同点和不同点两个方面去理解他们。这个人和其他人有何不同？你没有"权利"认识某人，但你有义务这样做。这种认识不是将对方当作配偶或熟人那样去认识。这种认识指的是愿意花时间去交谈和倾听。卓有成效的领导者会经常性四处走动并与人面谈。

尊重别人、信任别人；赋予他们责任，同时给予他们一定程度的独立。他们会用最好的表现来回报你。

来自历史的启示

做最好的自己，你就是最棒的。

——约翰·兰伯特少将（Major General John Lambert），克伦威尔（Cromwell）的副手之一

要想被爱，首先要爱别人；那些希望别人怕他而不是爱他的人们，会被别人憎恨，即便有人爱他，也很少。想要孩子，就要学会做一个父亲；想要做暴君，就只能得到奴隶。

——理查德·巴克斯特（Richard Baxter），英国清教徒教会领袖

不是天才的普通人需要深刻的激励，去激发他们的创造性努力，需要有人鼓励他们怀抱伟大的希望。

——约翰·科利尔（John Collier），哲学家

我比自己想象的要更强大、更好。我不知道自己拥有的如此之多。

——沃尔特·惠特曼（Walt Whitman），美国诗人

相反，如果你把别人当作物品或数字来对待，他们对你的回应就会毫无热情或毫无主动性。他们将缺乏信念和承诺。他们永远不会通过你发现更强、更好的自己。

在表扬和批评方面，你可以依据常识。表扬和批评在

合适的时间和地点都是必不可少的。明智的表扬和对一项出色工作的认可对那些以工作为荣的人来说意义重大。它不能代替金钱或经济激励，因为赞扬不能填饱肚子。但它满足了人类的需要。而以积极、建设性的方式坚定而委婉地提出批评，不但能提高标准，而且能加强相互尊重的纽带。这表明你非常在乎这份工作，也非常在乎团队和个人，所以你不会对错误视而不见。

不同国家的谚语中所蕴含的智慧为领导者在表扬和批评这件事上提供了很多的启示（有些是自相矛盾的）。面对具体的情况和个人，你可能想去遵循某一条谚语，但谚语的适用范围是值得思考的。它们向我们揭示了给予和接受赞扬在社会生活结构中的重要性。有人曾对我说，赞扬是人类精神的氧气。但是，要做到很好地给予和很好地接受，都很困难。

表扬和批评：一些谚语

> 诚实的人会因不公正的表扬而受到伤害。
>
> 太多的表扬是一种负担。
>
> 我大声表扬，轻声责备。
>
> 表扬就是我们的工资。
>
> 最悦耳的声音就是你自己的赞美。

> 谨慎表扬，更要谨慎批评。
>
> 表扬愚昧的人，你就助长了他的愚昧。
>
> 表扬总是让人高兴的。
>
> 表扬让优秀的人更优秀，让糟糕的人更糟糕。

最后，道德意义上的善良是领导者的必然基础。诚实、正直、勇气、公正或公平，都有助于打造更好、更高效的团队。领导者和成员身上的这些美德意味着团队的精力都花在了任务上，而不是花在内讧、搞政治、幕后操纵、钩心斗角和相互猜疑上。和大多数事情一样，你作为一个领导者要树立榜样。

▓ 关键点：领导者

◉ 领导原则听起来简单明了。但这并不是说你的领导工作将永远简单或容易。但本章中的"领导者核心责任"的三环模型将为你提供一个很好的指导，帮助你在"问题和个性的迷宫"中穿行，实现共同目标。

◉ 好的领导会让每个人的工作更加高效，并因此更有回报。这是对你的奖励。

⦿ 你会对团队和个人成员提出要求，这是你作为领导者应该做的。但你应该对自己提出更多的要求。圣奥古斯丁（St. Augustine）说："对我的同胞们，要有一颗仁爱的心；对我自己，要有一颗钢铁的心。"

团队合作不是偶然的，它是高效领导力的副产品。

10

团队建设

没有领导，不服从任何人，就不配为人：就像动物一样。

——越南谚语

所有的领导者都是团队建设者。就效率而言，团队要么就在变强，要么就在变弱。因此，我们需要一直进行团队建设。

更具体地讲，建立一个团队，或合并两个团队以形成一个新实体，或完全重组和振兴一个旧团队，这些都属于团队建设。

相对而言，很少有领导者能够在第二种意义上建立自己的团队。通常他们都是从别人那里接手一个团队。这种团队会包括那些"不太高效的老成员"，如果你自己重新组建团队的话，就不会选择这样的人。你如何处理这种情况？你如何将一群个体转变为一个团队？

你现在要把这个挑战提上你的议事日程了。但你永远猜不到何时你会为了某个特定的任务而招募并训练一个团队。

作为一名管理者，在你的职业生涯中，这种情况至少会发生一次，也许会发生很多次。你准备好了吗？

在本章中，我假设你是领导者，可以选择或建立自己的团队。你在公司里爬的位置越高，你越有可能参与到一些团队建设中，而在这些团队中，你并非其中的成员。当然，最关键的一步就是为这些团队任命领导者。在你确定团队的领导时，有必要记住，团队领导的职责是非常独特的，正是这些独特的职责或多或少地定义了这个角色：

◎ 也许会负责选举；如果不是这样，也应该参与到这项活动中。

◎ 负责确保团队的标准和纪律，从而通过相互依赖实现高绩效。

◎ 将特定的责任下放给成员，控制资源的使用。

◎ 指导团队战略和计划的形成。

◎ 和与团队绩效相关的其他小组及个人保持互动。

◎ 必须对团队和个人成员提出相当高的要求。

选择团队成员

任何一个好厨师都会告诉你，一顿饭的好坏在很大程度上取决于它所含原料的质量。从可能的成员中挑选合适的人作为团队成员的重要性再怎么强调也不为过。

选择是在一定范围内做出的。很少有经理会被允许带着大额现金，去外面的世界，为他们的团队选择他/她喜欢的人。我们只能从有限的人员范围内做出选择，并且我们还有时间的限制。

有时候，如果拼图中真的有一块缺失的地方，领导者可以跳出他的团队，在组织中寻找成员，甚至可以跳出组织，去外面寻找。但是，几乎肯定是要有所妥协的。你不能过分挑剔。很少有好的领导者能够拥有他们的理想团队，就像很少有好的团队能够拥有他们的理想领导者一样。

已经有很多著作关注面试员工和挑选合适员工的问题。考虑到高绩效团队合作的要求，其内容可以简化为三个关键因素：

◎ 技术或专业能力

◎ 团队合作能力

◎ 理想的个人品质

如果你已经很了解这些人，那当然会有帮助。有时，候选人名单对你而言只是一个名称列表；在另一些时候，这个候选群可能是一个你非常熟悉的预备队，就像一个职业足球队的预备队一样，显然与当前的团队有着密切联系。并且，它并不仅仅是一个"人才库"，还是一个训练组。事实上，它已经是团队的一部分了。

这个过程可以比作一个漏斗：顶部宽，越往下面接近"业务端"时，越窄小。领导者或选择者从相当多的人开始，通过面试和测试筛选潜在的成员。

技术或专业能力

这个人会给团队带来什么？第一个也是最紧迫的要求是：他/她应该拥有团队所需要的技能或知识。例如，如果你的团队需要一名营销专家，这个人是能勉强胜任，还是能在营销领域做出杰出贡献？

作为一个领导者，你很可能是一个通才。因此，你可能很难衡量你面前的人的专业能力的程度。可以说，如果你有志于在那个领域发挥领导作用，你应该具备一些帮助自己做出判断的知识。现代管理科学中有一种"异端邪说"，认为一个行业的管理知识可以被转移到另一个行业中。这种学说培养了很多肤浅的管理者，他们无法评估为他们工作的人的能力。相比之下，拿破仑曾宣称：

在军事界，我没有什么不能为自己做的。如果没有人制造火药，我知道如何制造；我还知道如何制造炮架；如何制造大炮，我也知道。如果人们不知道战术上的细节，我可以教他们。

当然，现在没一个将军敢这么说。任何领域的领导者都应具备足够的知识，能够评估其团队成员的专业价值，但他们可能必须向专家咨询，才能做出判断。一流管弦乐队的指挥对乐器有一定的了解。他/她可以自己演奏其中的一些乐器，也可以被称为一名音乐家。但在为管弦乐队挑选一名新的单簧管演奏者时，他/她很可能会邀请管弦乐队内部或外部的木管乐器专家参与。

如果两个候选人在专业能力上是平等的（作为理想的团队成员），领导可能会更加偏好有第二特长的候选人。许多人有一些主业之外的其他专业经验或技术专长。虽然这些和他们的主要兴趣相比是次要的，但是在某些突发事件中，这些经验或专长会造福团队。你要找的是灵活、弹性的人，而不是狭隘的专家；要找那些可以自信地解决处理各种问题的人。

团队合作能力

在哈士奇犬队穿越南极洲的试验中，探险家们选择了两种狗：非工作犬和干扰犬。这为人类团队带来了启发。你在选择的过程中，需要发现那些没有动力的人：他们不想取得什么成就，他们不想努力成为团队的一员，他们不会在团队中或作为个体努力工作。就像一颗烂苹果，这样的人会对其他人产生不良影响。

然而，有一些人似乎没有什么动力，也许因为他们在缺乏活力的领导手下，在平淡无奇的团队里工作了太久。但有了打火石，就会打出火。思考以下案例研究：

约翰·桑德斯（John Saunders）60岁，离退休还有五年。作为一个学者，他没有什么产出。刚刚成立的工业史系部主任接受了别人的建议，认为桑德斯应该加入他的部门。"真倒霉，"桑德斯现任领导说，"桑德斯一无是处。"然而，新部门的六位年轻同事对工作充满激情，出版、发表了很多书籍和文章。在他们的陪伴下，桑德斯被唤醒了，在接下来的十年里，他写了七本关于工业史的书。

桑德斯的故事显示了别人如何启发或激励我们。在你以没有动机为由抛弃某人之前，先看看这个人是否有潜力。

第二类你需要排除的是那些因为具有破坏性而不会成为优秀团队成员的人。

群体中的和谐是如此脆弱，不能容纳天生具有破坏性人格的成员。

你需要问自己和其他人的关键问题是：这个人是否有能力成为高绩效团队的一员？如果他/她本质上是一个独行者，或者是个极端个人主义者，以至于不能让"自我"服从于共同利益，那么你应该明智地做出选择，不将他们吸纳入团队，让他们自由发展。

对与他人合作的能力的构成要素，我们没有必要过于仔细地分析，完全厘清这一点也并不容易。这一能力的发挥在很大程度上取决于团队中的其他成员。你要对团队中的"化学反应"保持敏感。

平衡的概念在这里很重要。正如你不希望一个完整的管弦乐队仅仅由单簧管或长笛组成一样，你也不希望一个团队中都是外向者或内向者、都是善于分析者或创造性思维者组成。

当你排除了那些没什么机会成功的人之后，你就应该尽可能地多了解每一位候选人，然后根据小组的化学反应和平衡做出判断。

　　对于选择团队成员来说，面试是一个相当生硬的手段。如果可以安排的话，最好考察一下候选人和拟定团队在一起的配合行动。如果无法安排，可以看看候选人在另一个团队中的工作状态，或至少和一个曾见证过他们在团队中工作的人谈一谈。

　　因为对于个人来说，他们很快就会在同事、老板和团队其他成员那里获得口碑。最了解一个人团队合作能力的就是那些曾经和这个人在某项目中一起工作过的人。

▓ 理想的个人品质

　　到目前为止，你已经考量了候选人的技术或专业能力，以及他们是否适合担任团队成员的角色。在这两个领域你都在寻找一个特定的标准。如果你想组建一个特别的团队，而不是一个普通的团队，那么你要寻求高层次的技术技能，这些技能应与团队其他成员的贡献相互关联。

　　到现在为止，你已经排除了那些有两种问题根源的人。那些缺乏努力工作的基本动力的人一定会成为问题，因为团队中那些一心追求高绩效的伙伴们会反感这些人。如果你选择那些有可能因为态度、谈话或行为去惹恼别人的人，你以后肯定会为他们花费大量时间。试着去发展他们是一件受累不讨好的事情。不管你用多少肥料，你也没办法将蒲公英变成玫瑰。此外，你还会花费很多时间去平复那些小组会议带来的纷扰，像个外交官一样去调和矛盾，维系团队和谐。

如果你对一个人的技术感到满意，并且你知道这个人的行为不会破坏你试图营造的氛围，那你还应该考虑这个人的哪些其他属性呢？

从某种意义上说，这本书的目的是帮助你形成一个准确的概念：什么样的人会在团队中表现良好？他／她应该能够为完成任务做出贡献，特别是在决策、解决问题和创造性或创新思维方面，而不仅仅是从现有知识库中选取一些知识来对决策内容做出贡献。

理想的个人品质，除了那些必要的品质，还包括倾听他人意见和在他人贡献的基础上进行拓展的能力。这意味着思想的灵活性。对自己的"领地"或信息具有强烈占有欲的人是在给自己以及团队的成长设置限制。

这种灵活性意味着在某种程度上要减少怀疑。给予和激发信任的能力都与诚信有关，诚信可以被定义为人格的完整性和对超越自我的职业及道德标准的坚持。如果你在你的团队中任命了一个缺乏诚信的人，不管他／她的专业能力多强或表面的"互动技能"多强，你都在冒很大的风险。

排在最后，但仍然重要的是：一个人讨人喜欢或受欢迎的程度。一般情况下，团队成员能够在团队工作期间抑制对彼此相当强烈的个人不满，而且讨每个人的喜欢并不是必需的。但有证据表明，孩子们跟着他们喜欢的老师学习，会学得更好。从这个类比来看，很明显，成年人与他们喜欢的同事一起工作，会工作得更好。良好的个人关系能促进所有的人类事业，当然，前提是个人关系不会干扰工作关系。

核查表：你是否选对了团队成员？	
任　务	
他/她有敏锐的智慧吗？	是/否
在适用的情况下，他/她是否具有高水平的职业技能？	是/否
他/她的知识/技能是否与其他团队成员的知识/技能互补，而没有重复？	是/否
他/她是否有动力寻找最好的合作方式，追求卓越的结果？	是/否
他/她的口碑是否和他/她的分数相符？	是/否
团　队	
他/她是否会在决策和解决问题的过程中与他人紧密合作，而不会将别人"引入歧途"？	是/否
他/她是否会倾听？	是/否
他/她是否足够灵活，能够承担团队中的不同角色？	是/否

（续表）

核查表：你是否选对了团队成员？	
他／她是否能影响他人，以一种肯定的方式而不是咄咄逼人的方式？	
	是／否
他／她是会为团队士气做出贡献，还是会消耗团队士气？	是／否
个 体	
他／她是否有幽默感，是否能够在一定程度上容忍他人？	是／否
他／她是否有实现雄心壮志的意愿，并清楚单单依靠他／她自己的力量是无法完成一切的？	是／否
他／她是否对团队整体的成功负有一种责任感，而不仅仅在乎自己的那部分工作？	是／否
他／她是否正直诚信？	是／否
他／她对自己的优势和劣势是否有中肯的看法？	是／否

团队建设练习

　　"团队建设练习"这个说法可能比较新，但实际上这种做法由来已久。它的起源至少可以追溯到中世纪的锦标赛。骑士们接受军事训练，并由此拥有了树立声誉的机会。首先会有个人格斗和肉搏战，然后是团体赛事。在团体赛事中，一组骑士与另一组骑士战斗。这些队伍经常待在一起并在真正的战场上并肩作战。今天的团体比赛，如足球、棒球、板球和曲棍球，都是由中世纪的锦标赛演化而来的。

团队建设练习是促使一群人成长为一个团队的关键行动。团队的形成可以基于替代型团队任务（例如，商业案例研究或几天户外活动）或真实任务（例如，周末外出公干，制定公司战略）。

这两种各有利弊。替代型团队任务的优势在于成功或失败不是特别重要，也没有任何技术或专业方面的挑战需要应对。因此，人们可以集中精力学习如何作为一个团队更有效地合作。缺点（除了费用）是：其间的活动通常被视为与手头工作几乎没有或根本没有关系的游戏。此外，达到一定的资历水平之后的管理者不太愿意通过这种方式学习。

真实任务的明显优势在于现实性和即时性。但危险的是，人们会沉浸在其中，以至于失去了训练目标。

一个领导者是如何克服这些困难的？他/她知道，仅仅将个体集合在一起，并不意味着他/她已经组建了一个团队。因为团队必须通过合作的经验来发展或建立。

如果时间允许，领导者可以为团队组织培训课程，学习目标是成为一个高效的团队。这些课程中的任务很可能是各种替代型任务，比如户外活动或用乐高搭建高塔以争夺奖金。但这些任务不能是琐碎或者完全无关的。它们应该是真实任务的前奏，而这些真实任务和小组即将一起承担的任务非常相似。自然而然，任务的高潮在于小组的第一个真实任务。

■ 评 审

在团队建设练习中，对目标的详细介绍至关重要。因此，我们要强调试运行之后的评审所起到的关键作用。这种评审可能是非结构化的。你可以简单地将大家聚在一起，询问他们："工作进展如何？作为一个团队，我们还能做得更好吗？"

通常情况下，对于有能力的管理者或员工，在这些开放式问题之后进行的一般性讨论将涵盖领导者已经想到的所有要点。反思、消化经验并将其与目标联系起来的过程已经开始。重要的一点是，在课程中要增加机会，让大家一起从容地回顾或评论当天的工作。

我们也可以使用更结构化的评审方式：设计问卷或核查表，让人们填写并讨论。如果使用得当，这些方法当然有助于让团队对自身进行批判性思考。如果一个团队不知道自己的实际表现水平，或刻意掩饰一些可以并且应该解决的问题，那么这种方法尤其有效。核查表的结果可以提供一些有力证据，让团队去深思。

团队建设活动中的评审阶段不是临时的。高效团队的特点在于对其表现进行定期的自我评价。评审是成为高绩效团队过程中必不可少的一部分。为了使评审（和自我评价）成为团队工作的一个中心环节之一，我们需要制定并保持某些标准。对于评审来说，先要确定事实：我们的目标是什么？我们真的做到了吗？如果没有，我们在哪些方面失败了？

然后你就可以来做诊断了，先问为什么：我们为什么成功了或没有成功？对成功或失败原因的分析将从"任务环"开始。目标明确了吗？我们有可行的计划吗？计划被传达了吗？面对严重的困难，我们是否采取了灵活的行动，是否可能已经改变了计划？如此等等。

然后你应该问一些关于"团队环"的问题：我们团队合作得怎么样？在这里，问题和讨论应涉及协调与合作、集团标准（技术层面的和社会层面的）、沟通、氛围、士气变化、是否存在相互鼓励。

接着，应探讨个人技能方面的缺陷，以通过训练修正这些缺陷。一般来说，你应该小心，不要在小组面前批评个人。记住，你是在评估业绩，而不是充当一个消极的批评者。所以，你要指出好的方面以及不尽如人意的方面。

团队建设练习，特别是当这些练习需要成员一起外出住一两个晚上的时候，为发展成员间的非正式关系提供了机会。在酒吧或饭桌上喝一杯，团队成员就能更好地相互了解。他们可以比较各自观点的异同。成员会就当前情势的性质、原因和结果交换意见，有意识地认真倾听有关这些内容的理论、态度、忧虑、价值观和政治关切。这样的讨论可以让团队成员看到团队不同智慧和意愿的复杂性，并让成员可以通过仔细的讨论来协商这种复杂性。

作为领导者，在这些非正式会议中设定标准、促进倾听，是很重要的。对问题的思考和对个人观点的仔细探索暗含了团队合作的理念，而在那些各种各样的为管理者准备的"即时团队合作"的一日速成课程中，这一点却被完全忽略。在许多组织中，人们被鼓励尽可能少地召开会议，做些实事。但是忽视个人价值观和观点的工作会带来肤浅的表面化活动。在这样的低绩效团队中，成员对活动投入不多，团队的生活质量也不会随着内部成员经验的丰富而提升。

总之，团队建设的首要目标是根据团队目标选择合适的人员。然后，你应该着眼于发展群体认同感。给团队起个名字，选择一个基地或见面的地方，这些是重要的步骤。在早期的会面中，记住新成员（他们可能很了解你，但不了解彼此）是带着以下问题来的：

我们为什么会在这个小组里？

我们是否需要作为一个团队去工作？

即使非必须，这样做对我们有好处吗？

我们将合作还是竞争？

我们的目标现实吗？

我们将如何做出决策？

我们的表现将如何被评估？

我们将如何提高效率？

关键点：团队建设

◉ 许多任务都需要团队合作。即使不是严格需要团队合作，团队合作也可以改变绩效，提高工作满意度。好的团队不是偶然的产物。作为一个领导者，你的三大职责之一就是建立团队。

◉ 如果你正在组建一个新的团队，集中精力去挑选那些技能、技术和知识互补的个人成员；这些成员还需要有团队精神。寻找那些具有前文提到的个性和品格的人。

◉ 在团队生活的第一年里，试着让你的团队成员一起外出一两天。通过各种任务和活动计划（实践活动，之后有评审）的帮助，与团队成员一起确定团队的优势和劣势，列出需要改进的领域。活动结束回来之后，带回让团队从低绩效团队成为高绩效团队的行动计划。

团队完成任务的能力，与领导者挑选成员和发展成员的能力直接相关。

11

创造性解决问题

三个臭皮匠，赛过诸葛亮。

——中国谚语

不是所有的团队都需要所有的成员坐下来，一起参与决策、解决问题或创造新想法。例如，在运动队中，可能是经理和队长做出了所有的决定，而其他队员则负责解决对手抛出的问题，发挥他们所能发挥的才能。在手术室团队中，负责的外科医生将做出关键决定。任何类似创意发挥的事情在这样的情境中可能都不适用。

然而，在管理方面，在做出和实施最佳决策的过程中，一定程度的团队合作是需要的。这丝毫无损于主管领导的责任制。像外科医生一样，他/她必须"扛着责任"。但是一个明智的管理者会尽可能让他的团队成员参与到影响他们日常工作的决策中。

这样做的原因不仅仅在于激发动机：人们在决策的过程

156

中参与越多，就会越有动机去执行决策。每个团队成员都有不同的经历、知识、想象力、观点和判断，这些都会影响他们的决策。因此，如果领导者本人是一个有能力的思想者，并且知道自己想要什么，他所做出的决定会是更好，也更容易被接受的决定。

为了在这个方面更加高效，一个团队应该有共同的框架、操练方法或"地图"来制定决策和解决问题。本章会讲解相关的关键问题。

▪ 什么是问题

许多人现在将"制定决策"和"解决问题"当作同义词去使用。做出决策和解决问题的过程事实上确实有重合的部分，但这两者之间还是有区别的。

从字面上讲，一个"决策"意味着一个临界点。在这个临界点，你将停止思考某件事情。缩短思考过程的最常见原因是你已经下定决心要做或者不做你一直在考虑的事情。

决定意味着行动。在你决定采取行动或不采取行动之后，会有来自他人和更大范围内的反应。你对某些反应是可以预见的：这些是你行动的明显后果。但是，还有一些反应，是你不能或者没有预见的潜在后果。

我们再回到"解决问题"。从字面上讲，"问题"是抛到你眼前的，需要解决的。它可以是一个谜题，也可以是一个需要决定采取适当行动的问题。"问题"这个词也是常常被广泛使用的一个词。当然，如果它接近于"谜题"这一类，那么其解决方案不涉及行动，也不像一个决定那样会影响你的生活。因此，有些人，例如许多学者，可以非常擅长解决诸如基因结构或物质的亚原子性质之类的复杂问题，但他们无法做出决策。同样，优秀的决策者可能缺乏解决顶级"谜题"的脑力。

但是"问题"一定是会造成困难的。如果你可以通过直接回忆事实的方法或者通过运用现成的技术就可以知道答案，那你面临的就不是一个问题（解答 $27\sqrt{9842}$ 对于手里有计算器或者会做长除法的人来说不是问题）。因此，问题是个任务，这个任务有如下特征：

◎ 面临这个问题的人或团队想要或者需要找到一个解决方法。

◎ 个人或团队没有现成的程序可以遵循，用来寻找解决方法。

◎ 个人或团队必须尝试寻找解决方法。

这个定义强调问题的三个基本组成部分：（1）问题解决者必须有实现目标的动机；（2）目标不能直接或立刻被达成；（3）已做出有意识的努力去实现目标。

第一个组成部分要求领导在对下属和同事提出团队要解决的问题时，需要以一种足够有吸引力的方式提出。如果团队成员对要解决的问题不感兴趣，那么提出问题是没有好处的。

成员也许不会立刻想到解决方法，但他们需要感觉到解决这个问题在他们的能力范围之内。通常，人们总是认为，如果一个决策没有马上被做出（或者一个问题没有马上被解决），那就不会再有解决方法了。然而，事实远非如此。

因此，想让"解决问题"成为团队生活一部分的领导者们必须尤其注意任务、团队和个人之间的独特关系。因为在克服某个特定障碍或解决某个棘手问题时，团队可能会面临反复失败，在这些时候，领导者们需要能够保持团队和个人的士气。

在管理情境中，创造性思维最好被理解为解决问题的一种一般性方法。在这里，行动路线或解决方法的新颖性和不可预见性，被我们称为创造性。

提醒一点之前讲过的，团队，比如委员会或者委员会中的团队，本身并没有创造性。有"好点子"的是个体成员。但是团队可以提供一个让创造性思维蓬勃发展的环境。气氛、沟通、标准、领导力、士气，所有这些都有助于形成一种积极的氛围，去激发、鼓励和发展个体的探索性思维。

■ 成功解决问题涉及哪些心理过程

在描述团队在解决问题时的思考框架之前，我想概述一下在成功解决问题中起作用的心理过程。

解决问题就是将你之前的经验和知识与你天生的思维技能结合在一起，尝试去解决一个结果未知的问题。为了取得进展，小组或团队和个人一样，必须有足够的动机，并且需要没有压力或焦虑情绪。在解决问题的过程中，取得的进展本身就会不断地激发动机。

下表列出了"影响问题解决过程的一些因素"，这有助于解释为什么某个人或团队拥有了解决问题所需的知识，却仍然无法解决问题。高压力、缺乏意愿或兴趣以及不熟悉处理此类问题的适当战略或程序，这些都可能减缓进展或最终阻碍成功。

影响问题解决过程的一些因素

个性因素	经历因素	认知因素
压力 兴趣、动机 焦虑情绪 不轻易放弃旧想法 坚持不懈	年龄 之前的专业/技术背景 对解决方法的熟悉程 　度——找到策略 对整体情境和问题所 　处情境的熟悉度	分析能力 逻辑和推理 综合能力 整体观 评估能力 直觉，天分 记忆 想象力 计算能力、识读能力

在前一章，我们讲到挑选团队成员，这涉及很多"个性因素"与"经历因素"中所列举的内容。在这里，我将重点讲"认知因素"。"认知因素"是天生的思考技能，也受到教育的影响，可以通过培训得到发展。

我认为，思考能力包括很多方面，我们每个人在不同方面都各有优势和劣势。"完整的思考者"，也就是"全能思考者"，在思考能力的各方面都很出色。但是，这样的人很少见。我们大多数人会比其他人更擅长于一两种思维。因此，如果你正在建立一个由十名成员组成的团队，并且思考是团队任务的一部分时，那么你就不能选十个优秀的分析人员，而不去考虑有综合能力和评估能力的人。如果只有分析人员，你的团队最终会有偏差。平衡原则在这里很适用。

抛开个性、经历或认知方面的考虑，你应该寻找具有哪些思考技能的人来组建团队呢？主要有以下几点：

分　析	拆分事情的能力，分解事物，把问题分为各个部分，区分中心和外围，把事情或人物分类，把复杂的事情分解为各个组成部分
推　理	按照逻辑步骤思考的能力（与分析思维有关），通常从一般到特殊（演绎）或从特殊到一般（归纳）
综　合	分析的相反过程，也就是将部分合成一个整体的能力，将各个拼图块儿拼好，合成为一幅完整的图；将事情组合在一起，使其发挥作用
整体思维	看到整体，而不是只看到部分，尤其当整体大于各部分之和的时候（注意，整体思考者倾向于反对过多的分析，因为整体的属性会在分析之下消失。他们倾向于使用自然做类比，比如生长）。有远见的人往往具有整体思维
评　估	根据价值的不同做出准确的评估。这显然受到评估活动的内容和背景的制约，例如，对钻石的估价。但还有一种更为普遍的评估能力，比如，对人的评价，可以用"判断"这个词来概括（请注意，善于评估的人可能会对想法、他人和自己提出过于严苛的批评，这些人是天生的批评家。"批评家"一词来源于希腊语中对法官的称呼）

（续表）

直　觉	分析、综合和评价的能力在有意识层面和潜意识层面都发挥作用。对于潜意识层面的能力，我称之为"深度思维"（你脑中浮现出某个想法之前的那部分思考）。直觉是深度思维发挥作用的一种体现。它促使人们不经过任何明显的、有意识的推理就直接提出结论、想法或方法。莎士比亚写道："在推理能力方面，我和女人一样弱。我之所以这么认为，是因为我认为他就是这样。"如果这种情况经常出现的话，就是我们所谓的"天分"
记　忆	记忆是深层思维最重要的"活跃部门"：它是我们的图书馆、存储器和检索系统。我们记忆中的东西比我们意识到的更多。因此，讨论中其他人的想法或观点能够打开我们记忆中的未知盒子。请注意，如果小组或团队在一起工作了一段时间，他们也会获得一种集体深层思维和记忆。有时需要提醒他们已经学过但暂时忘记的东西
创造力	比如综合的能力或者将大部分人认为没有关联的两种想法或更多想法联系在一起的能力。请注意，对于创造力来说，是有价值评价的。其他人需要给出评价，认为这种新的想法组合是有创意的，而非仅仅是标新。和创造力息息相关的是想象力、形象思维的能力
计算／识读能力	用数字或文字来思考的自然能力

作为一名领导者，很显然，你应该不断精进自己在这些方面的技能，它们至关重要，决定了你思考的质量。而你思考的质量又会影响你做出的所有决策。在其他的地方，我已经给出了在这方面提升自己的一些方法，比如，在我的系列著作《高效决策：实现创造性决策的必备思维》中。

现在想想你团队中的每一个成员，或者未来的成员。他/她可以给团队带来什么？他/她的长处是什么？他/她是否知道自己的局限性，从而愿意倾听和接受他人的意见？你的团队中，是否有明显的某些方面的思维能力不足？

■ 解决问题的一个框架

在做决策和解决问题时（我在这里说的是这两个概念的重叠之处），有一个共同的方法是很有用处的。在团队训练中，可以将此作为一项技能来锻炼。很多标准化管理课程都是这样安排的。但是，有人曾告诉我，最好的士兵是那些经过严格训练之后，还能保持凶猛的天性的人。

对于决策制定/解决问题，经典框架或总体策略包括以下五步：

行　动	注　释
定义目标或问题	主要是分析性工作
搜集数据或者回顾已有信息	涉及经历和记忆，以及信息搜寻能力或研究技能、识读能力和计算能力
提出若干可行的解决方法或行动方案，以供选择	主要是综合能力，"可行"这个词暗示了一种粗略的评估
选择一个正确的答案，或者最优的行动方案	主要是评估能力，通常在决策中，要用到不止一种评估标准
评估决策	发生在执行前、执行中或执行后

　　这个框架很有用，但它的缺点在于语言的局限性。我们不得不使用像"步骤""阶段"这样的词。这样的词暗示了逻辑上的一种顺序，需要一步步地走，只有在前一步完全结束的时候，后一步才能开始。但是思考不是这样"整齐"的一个过程，尽管我们经常试图做到有序思考。在思考的实际发生过程中，思维可能会前后跳跃。比如，搜集相关信息通常是第二步需要做的，但可能在其他的步骤中，我们也都在以某种形式进行信息搜集。

解决问题指南

理解问题
· 用你自己的语言来定义问题
· 决定你要做什么
· 厘清重要事实和因素

解决问题
· 核查所有的假设
· 问问题
· 列出主要障碍
· 逆向工作
· 寻找规律、模式
· 列出所有可能的解决方法
· 确定标准
· 缩小范围，列出可行的解决方法
· 选择最优方案
· 同意项目的实施

评估决策并执行
· 确保你使用了所有的重要信息
· 从各个角度核查你做出的决策
· 确保计划是现实可行的
· 依据经验，评审决策

　　思考的本质使得领导一个真正高效团队的工作变得异常困难，这项工作涉及思想的交融。对于成员来说，向团队看齐是必不可少的。如果他们遵循如上所述的共同的解决问题的策略，会很有帮助。

在董事会或许多委员会中，很多时候这种思考是由一个次级小组或者个人来负责的。他们会针对某个主题书写汇报。要核查这些汇报是否遵守了为整个团队设定的基本规则。问题是否得到了清晰的陈述？相关信息都有吗，是否已被准确地总结出来？可行的选项是否被列出？作者是否给出了推荐方案——一个有待批准的临时决定？

在确定目标或问题、制订可行方案和选择最佳方案的总体框架内，有一些更具体的策略需要牢记。

上面"解决问题指南"表格中的条目是非常清晰的。逆向工作意味着尝试设想最终状态，然后找出需要做些什么才能达到这种状态。这需要一定程度的想象力。如今，许多首席执行官在向董事会询问时，都会采用这种策略："作为一家公司，我们五年后的目标是什么？"

■ 头脑风暴

头脑风暴就是一种在短时间内向一群人征集想法的方式。在解决简单但答案不唯一的开放性问题时，这种方法尤其适用。比如：

　　为产品起个新名字

　　思考如何让更多的人进入店铺

　　思考如何让更多的人购买一个产品

　　头脑风暴是基于推迟判断的原则，或者，正如其创始人亚历克斯·奥斯本（Alex Osborn）在《应用想象力》（*Applied Imagination*）中所表达的那样，头脑风暴是基于延缓判断原则。其基础是思维过程的刻意交替，换言之，一个人应该在一个时段打开自己的评估思维，在另一个时段打开自己的创造性思维，而不是试图同时进行批判性思考和创造性思考。

　　然而，我们当中又有多少人准备完全停止我们的批判性或判断性思考，仅仅是因为害怕自己出丑？

　　亚历克斯·奥斯本接着给出了三个原则，为小组头脑风暴奠定了基础。第一，如果在列出想法的同时，先不去考虑批判的话，这一过程可能会变得更有效。这一原则被认为是重要的，因为教育和经历让大多数成年人习惯于循规蹈矩地去思考，而不是创造性思考。因此，他们倾向于过早地运用自己的批判能力，这阻碍了他们思想的流畅性。第二，想法越多越好。那些最有头脑风暴经验的人几乎一致同意，在想法产出的过程中，数量有助于培育质量。第三，小组工作产出的想法比个人独立产出要更有效率。奥斯本提到了大量的

实验。这些实验表明，在相同的时间长度和相似的条件下，普通人在与团队一起工作时产生的想法是单独工作时的两倍。下表是"集体头脑风暴的四条规则"。

集体头脑风暴的四条规则

延迟判断	先不做批判。对想法的不利判断必须推迟到以后。不要评估
自由发挥	自由发挥很受欢迎。想法越"狂野"越好。限定想法要比放飞想法容易。让你的想法放任自流
力求数量	我们需要数量。想法越多，越有可能成功。例如，力争在15到30分钟内想出100个主意
综合与改善	除了要贡献自己的想法，参与者还要给别人提出建议，帮他们完善想法；或者将两个或更多的想法综合为一个想法，搭上别人想法的"顺风车"

如果小组在头脑风暴中陷入沉默，让这种沉默保持两分钟，再贡献想法。这个过程既保持了时间压力，又给了个人深入思考的机会。

下面是三个例子。这些大大小小的想法均来自头脑风暴，或是在真正没有评估的情境下产生的。

打击公交车上破坏行为的新方法

几十年以前，人们就这个问题进行了头脑风暴。人们想到的方法包括：为售票员佩戴姓名徽章（这样，他们就成了名正言顺的权威代表），双向无线电对讲机，舒缓的背景音乐，面向前排座位安装固定的镜子（这样人们就可以意识到自己的行为）。当今，人们想到的方法包括：更多的单层公交车，改进的闭路电视，运用新技术的防破坏表层，或奖励人们通过短信或电子邮件即时报告损坏。

节省能源的新方法

其中一个"现成"的想法是采用热回收装置。这种装置利用从牛奶中提取的热量将水加热，用于管道冲洗、奶牛的乳房冲洗和小牛喂养。它可以将乳品厂的电热水需求减少60%。自从有了这个发现，"如何节约能源"已经成为一个热门的环保话题。类似的想法也带来了一些新的重要发明，这些发明利用了太阳能和风能等显而易见的能源，也利用一些不明显的能源，比如，来自土豆的能源。

新的邮件发送方式？

"一张大小刚好能盖上图章的纸，在背面盖上一层胶状物，寄件人稍微涂一点点水，就可以附在信的后面。"这是邮票的发明者罗兰·希尔（Rowland Hill）最初提议的摘录。

当时的邮政大臣听说了这个计划之后，他惊呼："这是我听过或读过最有想象力的计划。这个想法太狂野了！"

在领导力的训练课程和团队建设的训练课程中，我经常使用头脑风暴练习。一个小组扮演"记录者"的角色。因为人们发现，当想法产生时，将它们记录下来可以让整个小组的成员在任何时刻都能回顾这些产出的想法，确保任何想法都不会丢失。最有效的记录方法是将它们记录得醒目一些，让小组中的每个人都很容易阅读，比如，使用马克笔在挂图纸或白板上记录。如果问题很简单并且很容易被定义，头脑风暴就是最有效的。但我发现，在解决更复杂问题的各个阶段中，头脑风暴都是一种很有效的方法，从问题界定一直到最终执行的各种细节。

后续行动

事实证明，头脑风暴会议不应超过40分钟，但是参与者需要继续考虑问题并提出进一步的建议。这些建议将会被添加到已有列表中，管理者会将所有的想法都按照逻辑类别分好类。这些会被交到最初提出问题的人的手里。然后，他/她会对列表进行评估，对这些想法进行组合、进一步阐释或者将这些想法与他/她自己的想法融合。

评估工作最好不是由头脑风暴小组自己来做，可以邀请另外一个小组来做，比如，邀请与问题相关的另外五名人员组成一个小组来评估。要将评估结果告知头脑风暴小组，否则下次被问到一些问题的时候，他们也许就不会再贡献想法。评估的步骤是：

◎ 确定合适的标准

◎ 挑选即时赢家

◎ 去除无用的或不适当的想法

◎ 把相似的想法分组，从中选出最好的

◎ 将标准应用于挑选即时赢家和每个小组的最佳

◎ 确定入围的想法，对之进行反向头脑风暴（也就是要思考，这种想法在哪些情况下行不通）

头脑风暴的主要目的是生成想法，但随之而来的还有很多有价值的副产品。头脑风暴可以帮助了解人们对管理问题的看法；它帮助人们更好地理解和容忍彼此；它能提高士气；它让成员更愿意接受和解决问题，从而鼓励了成员的主动性；它增强了人们对自己能力的信心。

为了训练你的团队去创造性地解决问题，你要给他们一些需要解决的问题，并指定观察员，观察员可能会发现下面的核查表非常有用。

核查表：团队解决问题的能力

小组成员是否在仔细诊断的基础上对问题达成了共识？

他们是共同关注问题的一个方面，还是每个成员都有自己看待问题的方式？

成员们是否尽力确保每个人都理解每个想法？

讨论的技术内容是否高水平？

是否有人使用类比来提出可能的解决方案？

团队成员是否倾听其他成员的想法？

团队成员是否快速地否决想法？

团队是否坚持每个想法都必须是一个完整的解决方案？

或者他们会支持并改进一个不满意的想法？

在讨论下一个想法之前，他们是否彻底研究了当前想法？

人们是否直切主题，不浪费时间？

作为领导者，你的关键角色

主持任何一种小组会议来寻求问题的解决方法都是一项困难的工作，涉及"任务"和"维护"因素，也涉及脑力、

高效团队建设：*EFFECTIVE TEAMBUILDING*

打造一支常胜团队

个性和性格。

诺曼·梅尔（Norman Maier）教授在《心理学评论》（*Psychological Review*）上写了一篇题为"团队问题解决中的资产和负债"的文章，他在文章中提出了以下几点：

◎ 领导者需要有能力创造一种"不同意"的氛围，这会鼓励创新，这样人们在试图创新的时候就不会冒着造成不愉快的风险。

◎ 讨论负责人要协助考虑问题解决过程中的各个方面，并延迟确定解决问题的方案，先让各种想法充分表达出来，这样的话，解决方案的质量和接受度都会提高。

◎ 解决问题的活动包括寻找、尝试彼此的想法，倾听、理解而不是驳斥，要言简意赅并对意见分歧给予回应，将分歧视为一种促进问题解决的手段。

◎ 为了让参与小组发挥作用，领导者必须专注于小组的进程，为了理解而倾听，而不是评价或反驳，承担起促进成员之间精准沟通的责任，对未表达的感情保持敏感，保护少数人的观点，推进讨论的进行，培养总结的技巧。

在决策过程中（与许多解决问题的方式相反），领导者必须关注决策执行者对决策的接受度。需要多大程度的接受度？迈尔的模型列出了选项。

		解决问题的质量	
		低	高
决策执行人对决策的接受度	高	需要达成一致，但是技术因素不重要	技术优秀，需要达成一致
	低	快速决策是可能的	也许需要专家，但是不需要和别人讨论太多

这样的模型是发人深省的，但它们不会做出决定或解决问题。只有人们会面并就行动方案或解决方案达成一致意见时，才能做出决定或解决问题。然而，太多的小组或团队会议的领导都很糟糕。因为召开会议是和人打交道，将聪明能干的人聚集在一起，必然意味着不同的观点（也可能是冲突的观点）将得到表达。作为一个领导者，你的主要"资产"是你处理不同意见的能力，以及促使团队成员投入有效行动中的能力。

■ 关键点：创造性解决问题

● 成功解决问题需要努力克服可以克服的障碍。使用所有可用的事实，尽管它们是不充分的；如有必要，寻求更多的信息以及建议、说明和反应。摆脱先入为主的观点很困难，但头脑风暴可以起到作用。

◉ 分歧可能导致不愉快的情绪，也可能带来创新，这在很大程度上取决于你作为领导者在团队中创造的目标感、标准和氛围。鼓励思想的冲突，阻止个性的冲突。

◉ 创意的产生过程应该与创意的评估过程分开，因为批评往往会抑制创造力。

◉ 在讨论的过程中寻求一系列可行的选项或替代方案，对突然产生的灵感以及后产生的灵感保持开放的态度。

◉ 请记住，作为领导者，你提出的解决方案很可能被不恰当地评估——团队倾向于要么接受它，要么拒绝它。确保你的想法和他人的想法以同样的准则被评估。

如果你不是问题解决方案的一部分，你就是问题的一部分。

12

团队维护

我喜欢社团，而不是群居。

社团是一个目标共同体，构成了社会。

——本杰明·迪斯雷利（Benjamin Disraeli，英国前首相）

工作组可分为临时性工作组和永久性工作组。一个临时的或特别的团队或小组是为了一个特定的目的而成立的，当这一目的完成后就解散了。"任务小组"和项目组属于此类别。一个永久或常设团队会持续存在，有成员离开后，会招募新的成员填补。委员会可以属于上述任何一类。

这两种类型的工作组各有利弊。大多数人可以接受有限的时间投入，就像一个短跑运动员，他能清楚地看到终点线。以本书对团队的定义来看，这样的组织往往在刚刚要成为真正团队的时候，就会解散。

永久性团队的主要优势是：成员会逐渐对彼此和彼此的能力十分了解，他们可以更加高效地一起工作。但是这样的团队也会变得"温暖"而"舒适"，就像一双旧的拖鞋。就算这样的团队会一直保持高效，它们也需要经常性的休整和维护。只有这样，它们才能长期保持高效率运转。这个意义上的团队维护就是本章的主题。如何使一个好的团队保持现有的效能和效率？

◼ 维护核心目标

挑选一个核心目标是相对容易的。可以聘请一个团队，将目标分解为易于管理的小目标。然而，在一段较长的时间内，维护团队的核心目标就困难多了。作为一名领导，你应该随时准备好问自己和团队以下问题：

◎ 我们为什么存在，我们到这里是为了什么？

◎ 如果我们消失了，会对什么有影响，对哪些人有影响？

◎ 有没有比组建这个团队更具成本效益的方式来实现我们的目标？

◎ 作为一个团队，我们的使命是否经历了重大变化？我们是否意识到了新的责任，或者我们是否被赋予了新的责任？

12 团队维护

◎ 我们仍然是处理这项工作的合适人选吗？这项工作是否还需要团队合作？

记住，群体有一种想要被延续的倾向。"求生的本能"会发挥作用：就是要存在，没有理由。任何解散该群体的举动都会被视为对团结的威胁。不管任务如何，自我延续的欲望已经占据了上风。群体已经成为一个家庭，而不是一个团队。

因此，作为一名领导，你必须时不时地让自己（如果不是他人的话）确信，这个团队还有一项真正的任务要完成，而且任务的完成仍然有赖于你努力建立和维护的团队合作。

■ 维护标准

回想一下，你会发现，标准通常是不成文的规定，在很大程度上决定小组的团体行为。例如，在一个小组中，可能有标准，要求成员对彼此高度关注；而在另一个小组中，你可能会发现，人们不彼此倾听。

标准是技术性的，也是人际性的。理想情况下，团队应该在领导者的指导下，为自己设定自己认为可以达到的绩效标准。这些标准既不应该太高也不应该太低，而是要有足够的延展性或挑战性来引起人们的兴趣，并且当这些标准被实现时，会给人们带来成就感作为"分红"。

然而，在一段时间内，会产生两种情况。第一，团队的标准可能会下滑。人们会开始懒惰、漠不关心或自满。这些病症会让人产生一种"在这里，怎么都行"的普遍感觉。

第二，外面的世界开始改变。特定领域或行业的标准不断提高。十年前对客户来说似乎是高性能、高生产率或广受好评的产品，现在从公正的角度来看，似乎是平庸的。

对于不断下降的标准，一个急救疗法是产生竞争意识。一个又胖又懒的经理去参加马拉松比赛，会产生一些动机去让自己变瘦变活跃。团队和组织也是如此。你作为领导，首先要让团队明白，虽然之前团队的表现很好，但是现在已经不够好了。焦虑的团队成员可能会问："要好到哪种程度？"你可以回答："好到足以击败竞争对手。"

你回想一下，竞争和在排行榜上的相对位置有关。但是，与他人竞争的真正目的并不是获得胜利的短暂乐趣。与竞争对手竞争的真正目的是在一些绝对的价值尺度上提高你自己的标准。那个标准要用"卓越"这个词来概括。"竞争"的字面意思是一起寻找东西。实际的竞争应该被视为激励、里程碑，甚至游戏，而不是仅仅争一个胜负。

对于一个标准不断下滑的团队来说，拒绝像"卓越"这样的绝对价值尺度不是什么好事。你的话听起来既抽象又平庸。但尽可能真实地告诉团队或组织它在竞争中所处的地位。请他们来告诉你，为什么他们排名如此靠后。和他们一起制订一些计划，在规定的时间内更上一层楼。

▉ 处理冲突

当两个或多个成员之间的个人冲突有可能造成团队分崩离析时，你会怎么做？我这里所说的冲突，主要是指性格上的冲突，而不是思想上的冲突。

第一个策略就是尝试对事不对人，让想法或政策上的差异成为讨论的中心。这并不容易，因为"人"和"事"往往相互交织。

在更广泛的意义上讨论冲突之前，作为一个前奏，将不同个体对成员之间思想冲突的应对方式描绘出来是很有用的。他们是否有下列图表中所列出的行为？

不同冲突应对方法的优缺点

竞争 / 强迫 试图将自己的做事方法或想法强加于人	得到结果；当需要快速协调行动时，这种方法是可行的；如果想法 / 行动路线不好，时间就被浪费了；不听其他人的观点

（续表）

合作 / 面对 把问题公之于众，以便探索所有可行的选择。如果他/她被说服，他/她会一路走下去	结果的质量会更好一些；团队承诺度较高。也许需要较长的时间，对于那些希望早早做出决策的人来说，会有一种挫败感
分析 / 妥协 他/她愿意协商、折中，也愿意就此采取行动	每个人都有所得；没有任何一个解决方法被偏爱。也许是唯一获得结果的方法。但是折中的解决方法或决策的质量不太好，人们的承诺感也差一些
避免 他/她在冲突发生时选择退出，等待别人去解决；避免选择立场	减少紧张。可能会导致好主意的丢失。通常会带来冲突的搁置或延迟处理，而不是冲突的解决
随和 / 安慰 他/她很担心会因为不同意别人的想法而伤害别人的感情。尽力避免冒犯别人，修复"损伤"	在一些不重要的问题上，这可能是保持团队团结的最好方法。似乎有些迎合别人。由于缺乏挑战，糟糕的解决方案常常会被通过

　　图表可以帮助个人看到，他们已经陷入了某种处理思想冲突的模式，并且他们还有其他选择。如果你生性胆小，有时尝试一下大胆的风格也是很好的。如果你天生就倾向于用自己的想法来控制"对手"，你可以试着采用一种更加折中、开放随和的方式。

回到人际或组际的紧张关系这个话题。在何时紧张关系开始转变为冲突并将严重损害团队的工作以及哪些冲突需要干预，这是一个判断的问题。但作为一个领导者，你必须准备好做出这个判断，然后采取适当的行动。

如果你认为对抗冲突最终会带来更高的凝聚力，那么下一步，你需要意识到你并不是掌握了所有的牌。如果你团队中的 A 成员和 B 成员之间存在冲突，那么主要是两个人来解决冲突，否则这个冲突就会"化脓""溅射"。作为调解人，你可以以各种方式提供帮助。你可以给他们施加一些压力：以各种非暴力形式的"敲打他们的头"。例如，你可以设置一个时间限制，在这个时间限制内，你希望他们的分歧能得到解决。你可以建议他们找第三方仲裁员来帮忙。或者，你可以自己充当顾问、催化剂或变革推动者的角色来实现和解，从而最终对团队的工作负责，尽管你可能很难将这些角色与领导者的角色结合起来。

关注冲突局势中人们的感受或情绪会带来好处。但是，是否鼓励人们私下或在公共场合表达他们对彼此的负面情绪，这是一个始终需要我们判断的问题。因为无论选择哪种方式，都有预期风险。是会改善关系，还是会让事情更糟？你需要仔细地审视情势和人们的个性，才能得到正确的答案。

冲突的最终解决通常源于我们最终在情感上发现（或重新发现），如果要完成共同的任务，我们需要彼此。如果个人或党派都重视这项共同任务，他们将愿意做出必要的牺牲和调整，尽管出于不同的原因。事实证明，合作取得成果比自相残杀产生不快要更好。如果说理失败，冲突恶化，你可能不得不彻底改变团队的组成。

回到之前的一个话题，你应该帮助团队成员区分"人"和"人的想法"。让团队成员看到彼此的优点，在私下或公开场合，对团队成员性格中你不能接受的地方，给予容忍。这些是领导力"教化"职能的一部分。这是个人发展的一个方面，也是共同成长的一个方面。

当然，理想的情况是团队成员之间有高度的互信、尊重和（如果可能的话）感情，同时对彼此的想法保持一丝"强硬"的态度。核心应该是对事情真相的共同追求。在这场追求中，打击可能会来得又重又快，但它们不会被认为是针对个人的，就像两名职业拳击手在拳台上大展拳脚。团队中的每一位成员都要学会如何接受对方。而当对方的想法应该被拒绝时，就拒绝对方。

表现不佳者案例

假设"中微子"博士是天文数字工程系的讲师。他从20多岁起就在大学工作，现在53岁了。除了10年前的两篇短论文外，他几乎没有做过研究。他讲授的课程，学生考试成绩很差。高年级的学生评论说，他的笔记和例表不够严谨。他的教学水平勉强合格。"中微子"的同事们发现他已经变得无动于衷，他没有进取心，也不愿意努力。他不主动与学生进行任何交流，但当学生接近他时，他会提供帮助。他经常缺席或迟到。尽管如此，他还是讨人喜欢的。几年来，他的同事们一直对他的缺点持宽容态度，但现在确实需要提高部门的标准了。因为天文数字工程将受到政府资金削减的影响，一些表现不佳的部门将在两年内被关闭，没有人知道是哪些部门。上一任系主任与"中微子"发生了一些争执，但后来放弃了，部分原因是因为"中微子"说了一些关于部门的话，伤害了系主任的感情，另一部分原因是系主任不喜欢争吵。六个月前你接任系主任职位，前任系主任对你解释道："大学不能解雇'中微子'，因为他有终身职位的保障。"但是"中微子"的同事们变得越来越不耐烦了，上个月，他们中的三个人曾私下和你谈论过他。作为他们的领导，你该做些什么？

对于团队中表现不佳的成员，没有简单明了的答案。然而，寻找答案的策略很简单。

首先，你要诊断出表现不佳的原因。也许是因为缺少动机、培训不足以及在过去没有遇到好的领导者。也许这个人被安排在了错误的岗位上。"中微子"就不该成为一个大学讲师。不过，领导者仍然需要像个高尔夫球手一样，从球所在的地方开始打。

如果可能的话，和相关人员聊聊，看看你的解读对不对。他/她也许会对你试图构建的因果图进行添加和删减。不要治标不治本，要从根本原因入手。

问问"中微子"博士他想要什么，他现在的动机是什么。他也许想要早点退休，如果是这样的话，你应该会非常乐意帮助他实现这一目标。他可能想成为团队的正式成员，但要扮演和以前不同的角色：也许他想承担更多的行政管理工作。和他一起，为他列出可行的选择。但"继续像现在这样"不是一种选择。

一个表现不佳的成员可能不承认他/她表现不佳的事实。准备好向他告知，他在部门中的行为给别人留下的印象：你和其他人都能观察到的事情。如果需要，可以用一些具体的例子来说明。这可能会引发对"中微子"态度问题的讨论。但是，你应该避免深入到他的个性问题。个性对个人来讲至关重要，但是无法被改变。

最终的结果应该是达成一致的行动计划，让这个人重新成为目标和标准更高的团队中的一名完全有效的成员。这个计划和所有计划一样，应该是灵活的。与相关人员签订"合同"，在约定的时间间隔内审查进度。如果没有进展的话，"分道扬镳"的应急选择必须始终存在。

核查表：你的团队需要维护吗？

是否存在士气低落的症状，如团队自信心下降、决心减弱或目标感丧失？

团队或组织是否失去了方向感？

每个成员是否仍然清楚团队的核心任务和主要目标？个人目标是否与团队目标相关？

团体的气氛是消极或不冷不热的吗？

个别成员是否缺乏热情？

成员之间的交流是否在减少？

是否有不信任的迹象产生？

所有团队都有潜在的"精神疲劳"裂痕。这些裂痕是否在个人、集团或小组之间扩大？

在过去的六个月中，专业和个人标准是否下降了？

在当前团队标准下，你能找出一个或多个明显表现不佳的个人吗？

对于你的领导，是否有人抱怨？

如果你对七个或者七个以上的问题的答案是肯定的，那么你需要重新维护或建立团队。回到这一章的开始，重新仔细读一遍，直到你的脑海中开始形成一个行动计划。

■ 关键点：团队维护

◉ 团队就如同友谊，需要常常维护。团队的目标需要保持鲜明，团队的标准应该逐步提高，团队成员间的合作需要变得越来越密切有效。

◉ 你应该鼓励思想的碰撞，而不是个性之间的碰撞。组织之外的冲突已经足够多了，不用互相争斗。记住一句非洲的谚语："大象打架时，被践踏的是草。"

◉ 和成员站在同一个立场上，可以帮助你在团队中展开激烈的辩论，而不会产生情绪上的伤害和人际关系上的痛苦。

◉ 永远不要满足于你的团队的表现水平：如果他们足够优秀，那么他们未来要变得更好。团队维护就是要消除阻碍团队成长的障碍。

不要太忙于共同任务，而忘记了共同生活。

13

团队领导者自查表

在最后一章，我想激励团队领导者变得更加高效。作为一个领导者，你的技能越高，你的回报越大。快乐会增加，负担会减轻。

在较大型的组织中，关于领导技能的课程越来越多，既有公共课程，也有"公司内部"课程。这些课程可以帮助你培养你自己的领导力以及管理团队成员的技能。如果你能在职业生涯中的适当时间参加这些活动，效果尤其明显，比如在担任领导职务之前或之后不久参加。

但是其他人无法真正教会你如何增强领导力，你必须自己学习。以严正的客观性，审视自己作为一名领导者的优势和劣势。然后在合理的时间范围内工作。请记住，任何切实的自我发展都需要相当长的时间，所以如果可以的话，从年轻时就开始吧。正如没有人生来就聪明或博学，也没有人生来就是领袖。信心是一株生长缓慢的植物。

下面的核查表旨在帮助你将本书的原则应用到你的团队中。以不同的方式来做事，不断改进自己，这些是你作为一名领导者自我发展的漫漫长路上的第一步。正如一句现代谚语所说："行一寸很容易，行一码[1]很困难。"

在这段漫漫旅程中，不要害怕犯错误。失败会教会你成功，也会教会你谦卑。

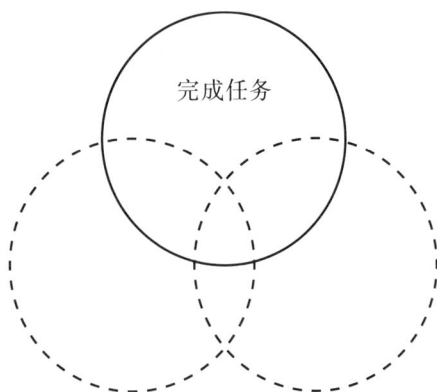

任 务

目　的	我是否清楚任务是什么?	是/否
责　任	我是否清楚我的任务是什么?	是/否
目　标	我是否就这些与我的主管（团队负责人）达成了一致?	是/否
程　序	我是否已经制定了一个程序来达成目标?	是/否

1　码：长度单位，1 码等于 3 英尺或 0.9144 米。——译者注

（续表）

工作条件	这些对工作来说适合吗？	是／否
资　源	这些足够吗（职权、金钱、材料）？	是／否
指　标	每个成员都清晰定义并达成一致了吗？	是／否
职　权	职权是否清晰（责任表）？	是／否
培　训	在为完成任务而组建的团队中，成员的专业技能或能力是否存在差距？	是／否
优先事项	我是否规划好了时间？	是／否
进　展	我是否定期检查并评估？	是／否
监　管	我不在的时候，谁可以代替我？	是／否
范　例	我是否以自己的行动做出了范例，诠释了标准？	是／否

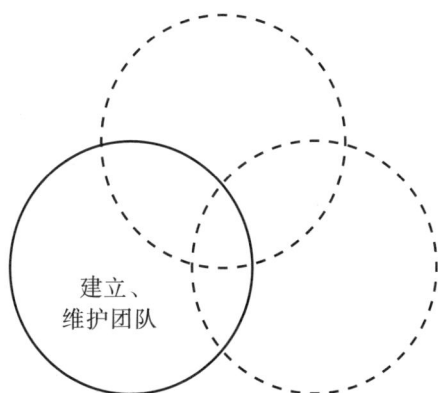

建立、
维护团队

团队成员

目　标	团队成员是否清楚了解并接受?	是 / 否
标　准	他们是否知道什么样的行为标准是被期待的?	是 / 否
安全标准	他们是否知道违反的后果?	是 / 否
团队规模	规模合适吗?	是 / 否
团队成员	是合适的人在一起工作吗? 是否需要成立次级小组?	是 / 否
团队精神	我是否寻找机会将团队合作具体贯彻到工作中? 薪酬和奖金有助于培养团队精神吗?	是 / 否
纪　律	这些规定是否合理? 我执行这些规定是否公平公正?	是 / 否
申　诉	申诉是否得到了及时处理? 我是否对可能扰乱团队的事项采取了行动?	是 / 否
咨　询	是真的吗? 我是否鼓励和欢迎意见和建议?	是 / 否
简　报	是否有规律进行? 是否包括了当前的计划、进展和未来发展?	是 / 否
代　表	我是否准备好, 在需要的时候, 代表团队的感受?	是 / 否
支　持	当团队分开时, 我是否会查看成员的工作? 然后, 我是否以我的方式, 代表整个团队去鼓励、支持个体成员?	是 / 否

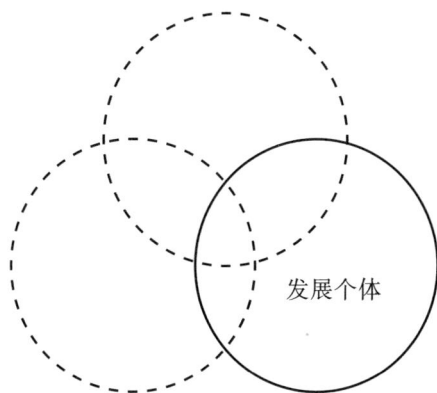

发展个体

个 体

指 标	是否已达成一致并量化?	是/否
入职仪式	他/她真的了解团队其他成员和组织吗?	是/否
成 就	他/她是否知道他/她的工作对整体结果有何贡献?	是/否
责 任	他/她是否对工作描述有清晰、准确的认识?我能把更多的任务委托给他/她吗?	是/否
职 权	他/她是否对他/她的任务有足够的职权?	是/否
培 训	作为技术人员以及团队成员,他们是否得到充足的培训和再培训资源?	是/否
认 可	我是否赞许了人们的成功?在失败时,我给出的批评是否具有建设性?	是/否

（续表）

成　长	他/她是否看到了发展的机会？他/她是否看到了职业发展的某些模式？	是/否
表　现	是否被定期检查？	是/否
奖　励	工作、能力和报酬是否平衡？	是/否
任　务	他/她是否合适这份工作？他/她是否有必要的资源？	是/否
人	我是否了解这个人？是什么让他/她和别人不同？	是/否
时间/关注	我是否花费了足够的时间去倾听个体的想法，发展他们，给他们提供咨询？	是/否
申　诉	是否得到了及时的处理？	是/否
安　全	他/她了解养老金、裁员等问题吗？	是/否
评　价	是否定期在面对面讨论中对每个人的整体表现进行评估？	是/否

结论

EFFECTIVE TEAMBUILDING

CONCLUSION

在我们复杂、相互依存、易受干扰的世界中，
没有什么比领导人的素质和信誉更重要的了。

——佚名

我已经强调了领导者在团队建设中的重要性。对于组织来说，培养出善于构建和维护团队的个体是至关重要的。我已经把你当作了这样的一个领导者——无论是潜在的还是实际的。最后，我建议，如果你接受有关培养领导力的训练，这将帮助你在团队中更高效地工作。对于大多数管理者来说，至少要戴两顶帽子：领导者和团队成员。理想的状态是在这两个角色上都做到卓越。

在临时的小组中，你作为一名领导者，最重要的角色是协调团队与其赞助商和客户之间的交往，将赞助商和客户的

信息传递给团队。这是一个双向的过程：你还需要为团队提供必要的外部资源，指导团队（设定目标），协助成员发挥互补作用，和每一个团队成员以一种积极的、建设性的方式交流。这些对于领导者角色来说是至关重要的。

在团队建设中，榜样是最重要的。这不是一条容易的路。我们大多数人都会同意莎士比亚在《威尼斯商人》（*The Merchant of Venice*）中所写的：

> 教诲二十个人，告诉他们最好要做些什么，比成为二十个人中的一个遵守自己教诲的人，要更容易。

作为一名领导者，你必须"体现"真理，而不是将真理"理论化"。团队成员的作用是积极的。它缺乏结构，这让你可以在其中发挥创造性：更像是即兴演奏爵士乐，而不是按照作曲家的乐谱去演奏。

积极的关注，以想法为基础，用批评来检验想法，提出建议，所有这些都是以积极和建设性的眼光看待团队成员的具体表现。在其他情况下，你可能是被任命或选举出来的领导者，但在这里你已经"签约"成为团队成员。这意味着你需要以某种方式行事。你要将你的观点公之于众，但要忠诚地接受领导者的"合法权利"，积极地支持他/她。例如，你可以发挥在任务、团队或个人领域的职能，补充领导者的职能。因为完美的领导者并不存在，你的领导会有弱点的。把这些看作是你提供帮助的机会，而不是对同事吹毛求疵的机会。好的团队成员可以让差劲的领导者看起来很好，让好的领导者看起来更优秀。从这个意义上讲，这也是一个创造性的角色。

个人主义者，不同于个人，会发现这些技能更难获得和实践。强烈偏向于按照自己的方式做事会让你很难在团队合作的约束下工作。当然，这取决于你对个人主义的偏见有多强烈。不是所有的个人主义者都是孤独者。具有杰出能力的个别专家通常很难与别人合作。但是因为这些人的天赋，无论是领导者还是团队成员都愿意为了他们做出牺牲。我们面临的挑战是创造一种氛围，让他们的天赋蓬勃发展，同时也能让他们学会与他人合作，发挥出自己的最佳水平。总有一天，"首席主角"可能会发现，如果没有团队中"所有配角"的全力支持，他/她将变得无能为力。由此，他们会意识到自己能力的有限性，开始变得谦虚。

我们经常把一个团队想象成一群人在一个运动场上奔跑，在一个地方一起工作或者坐在桌子旁做决定。

然而，当团队分散时，团队合作也同样重要。团队或组织的大部分工作都是由个人独立完成的。如果团队在分开的时候，依然能够作为一个团队去工作，那么这样的团队需要远见或想象力。他们需要看到整体情况，例如，客户将体验到的最终产品。因为客户经常以连环的方式接受团队合作的服务。首先，打个比方，电工们给房间装上电线，然后粉刷工就到了。客户很快就会发现，建筑公司是作为一个有效的团队在工作，还是仅仅是一个履行各自角色的个人集合；是互相没有联系的个人或组织还是在同一个组织中合作的不同小组。

现代组织的复杂性，尤其是那些自觉或不自觉地按照矩阵原则运作的组织，不可避免地会陷入角色冲突。电工也许想给你的房子铺线，但是他 / 她也属于另一个团队，而另一个团队正在沿路的酿酒厂装修，也需要电工。谁对他 / 她的服务有优先权？谁来决定？

团队需要制定共同的标准，在分开工作时，他们将遵守这些标准。这些标准是对职业培训所灌输的专业、技术或工艺标准的补充。它们包括相互沟通的标准以及为客户服务的团队精神。创造这样的氛围，建立共同的做事方式，这是你作为领导者的责任。在这个过程中，你可以寻求你能得到的所有帮助。让你的影响力与每个团队成员"同行"。

如果你是一个称职的领导者，一个专业、正直的人，一个赢得了下属和同事尊重的领导者，人们会这样评价你：

◎ 很有人性，把我们当作人对待。

◎ 没有偏袒的人；不怀恨在心。

◎ 很好沟通——善于倾听，我们可以畅所欲言。

◎ 遵守承诺，诚实。

◎ 不会回避不愉快的问题。

◎ 经常解释为什么这样做，或为什么不这样做。

◎ 有表扬，有批评，也有批判，但不与人为敌。

◎ 对我们很公平，对公司也很公平。

◎ 自己本身就很努力，所以我们理解他/她为什么也期待我们最好的一面。

你会得到想要的结果，你的团队会有目的地作为一个团队工作，每个人都觉得他/她在团队的成功中扮演着至关重要的角色。最终的"伟大团队建设三环模型"开始成形：

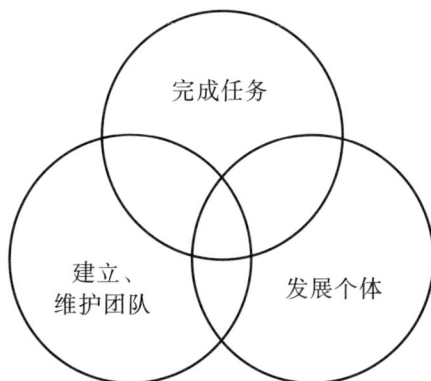

伟大团队建设三环模型